Maury
HIJO
DEL DOLOR

Maury Blair
con Doug Brendel

 EDITORIAL BETANIA

Los sucesos de este libro son reales, habiéndose cambiado únicamente los nombres de varios individuos para proteger su intimidad o evitar el que pudieran sentirse incómodos.

Versión Castellana:
Juan Sánchez Araujo

Copyright © 1986 por la Editorial Betania
Calle 13 S.O. 824, Caparra Terrace
Puerto Rico 00921

Correspondencia:
Editorial Betania
5541 NW 82nd Avenue,
Miami, Florida 33166
E.U.A.

Publicado originalmente en inglés con el título de
CHILD OF WOE
Copyright © 1982
Publicado por Mainroads Productions, Inc.,
Toronto, CANADA M4Y 2L1

ISBN 0–88113–204–7

A menos que se indique lo contrario, todas las citas bíblicas han sido tomadas de la Versión Reina-Valera, revisión de 1960, © 1960 Sociedades Bíblicas Unidas.

Dedicatoria

Dedicado a mi esposa, Bev, que me ha sido dada por Dios como un vaso para sanidad y aliento. Su apoyo ha resultado vital, no sólo en la misión que constituye el presente libro, sino en mi vida entera.

Y a nuestras hijas, Lisa y Laury, tesoros más preciosos de los que este hijo del dolor hubiera podido jamás soñar.

Acerca del escritor

DOUG BRENDEL, un joven escritor cristiano, pasó cientos de horas con Maury y su familia para obtener información para la historia de *Maury, hijo del dolor*. Ha escrito varios libros —entre ellos la vida de Nita Edwards, *Miracle in the Mirror* (Milagro en el espejo)— y otros trabajos para diversas organizaciones y personalidades cristianas, incluyendo a Pat Robertson, Rex Humbard, James Robison y la Fraternidad Internacional de Hombres de Negocios del Evangelio Completo. Su esposa Cathy ha tenido a su cargo tareas de educación especial en escuelas públicas durante siete años. Los Brendel viven en el área de Chicago, Estados Unidos.

Agradecimientos

Mi más profundo agradecimiento en particular para dos personas muy especiales entre las muchas que me han ayudado en la preparación de este libro.

Mi íntimo amigo Eddie Brunet nos alentó en gran manera con la obra, y con mucho consejo práctico y apoyo preparó el camino para que se llevara a cabo el proyecto.

Anne Barry, mi asistente en *Teen Challenge* en Toronto, es una parte importante de nuestro ministerio, y resultó un instrumento eficaz para extraerme la historia, lo cual quitó el primer obstáculo para que se escribiera el presente libro. Anne también llevó a cabo la enorme tarea de transcribir horas enteras de entrevistas con Douglas Brendel, lo cual removió el último impedimento para que esta obra se escribiera.

Prefacio

La manera en que agarramos la navaja determina la profundidad y el daño del corte. Esta verdad evoca la responsabilidad del hombre en cuanto a cómo maneja los porrazos de la vida. Como indicó Shakespeare:

A veces los hombres son dueños de sus destinos. La culpa, querido Bruto, no la tienen nuestras estrellas, sino nosotros mismos.

Maury Blair, director de *Teen Challenge* en Toronto, Canadá y de *Break-Through Ministries* es un ejemplo vivo de esta premisa. Mientras que algunas personas brutalmente tratadas por aquellos que tienen poder sobre ellas sucumben a la amargura, la ira y el resentimiento, con Maury no ha sido así. El ha mejorado en vez de amargarse.

Maury, hijo del dolor refiere con franqueza ocasiones de terror y de brutalidad emocional y física sin sentido. El dolor está presente mientras uno sigue la tragedia de Maury por el curso de las lágrimas. Con sencillez podemos identificarnos con su horror, porque todos hemos sentido alguna vez el dolor agudo del rechazo, el no ser deseados. Como dijo Romeo: "Se burla de cicatrices que nunca sintieron una herida".

Maury es una sorpresa. Es amigo mío. Ha hablado en mi iglesia. Está tan bien ajustado, que nadie sospecharía hoy que en su niñez estuvo predispuesto a la violencia y al desastre. Al igual que Jabes (1 Crónicas 4:9,10), su contraparte bíblica, Maury se convirtió en el gozo de su familia.

De la manera en que todo sucedió es una de las historias más extraordinarias. *Maury, hijo del dolor*, pone en palabras lo inexpresable, desenmascara emociones de rabia y de ira, y luego señala claramente hacia el Unico que puede "rescatar a los que perecen". Debe usted leerlo. *Maury, hijo del dolor* ofrece una promesa a aquellos emocionalmente dañados.

Ron Hembree
Autor y Evangelista

Indice

Introducción

¡Oh memoria, cariñosa engañadora!

—Oliver Goldsmith, 1764

Cuando Maury Blair entra en una habitación, la ilumina; es una fuente de alegría, diversión y calor adonde quiera que va. Por lo tanto, resulta difícil comprender que este gregario hombre de Dios sea el mismo Maury que sobrevivió durante años como refugiado en su propio hogar, víctima de los horrores del abuso infantil y de la venganza.

Mientras Maury, Bev y yo nos abríamos paso a través del terrible relato, discutiendo hora tras hora sus sórdidos detalles, no pude menos que notar la extraordinaria falta de malicia que exhibía el primero; pues describía con cuidado y consideración incluso a aquellos personajes que le habían hecho más daño. Me encontré a mí mismo retrocediendo airadamente al oír acerca de mucha de la gente que poblaba su pasado —personas cuyo comportamiento consideraba egoísta, irresponsable e incluso criminal. Pero Maury siguió resueltamente fiel a una perspectiva amorosa y esperanzada.

A lo largo de todo el proyecto, ejercí presión sobre él para que contara la historia sin omitir nada, exponiendo toda su fealdad. Maury, por su parte, siempre parecía cohibirse, y yo —como el escritor que trata de conseguir un relato lo más dramático posible— me sentía frustrado. No fue sino hasta la presentación final del manuscrito, después de días enteros de escribir y volver a escribir y en conferencia con Maury y Bev, que me di cuenta de lo que había sucedido.

La revolución personal de Maury —la operación interna del Padre Celestial en su vida— le había transformado completamente hasta llegar a su memoria; y como hijo del Rey, ahora ve su pasado a través de unos ojos de amor. Percibe a los malvados como víctimas, y cada acto perverso como el triste resultado del pecado. En tanto que la reacción del de afuera puede ser de furia, Maury sólo es capaz de sentir compasión por aquellos que le hicieron daño; y al igual que el mártir Esteban —tan puro en su muerte— no desea que se les impute ningún pecado.

Más aún, Maury insistió en proteger de heridas a aquellos que más ama —a su familia, a sus hermanos y hermanas, a sus amigos. . . Investigó extensamente su propio trasfondo, y quizás conozca más detalles acerca de la herencia de su familia que ningún otro de sus parientes. Muchas partes de la historia se escribieron, luego fueron acortadas, y por último, tachadas completamente debido a que Maury se angustiaba pensando en el efecto que la publicación de las mismas tendría en sus seres queridos.

Me cautivaba el ver a un hombre constreñido en su espíritu a contar su triste historia, compelido por Dios y por docenas de amigos y consejeros a lo largo y a lo ancho de Norteamérica a revelar la verdad por el bien de tantos miles de otros que serían tocados y ayudados de ese modo; y a la vez a un hombre apremiado por el amor a sacrificar poderosos elementos de esa historia por el bien de sus hermanos y hermanas y de sus familias. Muchas veces durante el proyecto desafié a

Maury acerca de ello, pero sus prioridades eran firmes como la roca. Hay muchas cosas admirables en Maury Blair, sin embargo al sacar la última página de la máquina de escribir yo sentía la más profunda admiración por esta cualidad suya.

Así que, se han alterado muchos nombres, como también lugares y fechas, y algunos segmentos de la cronología han sido omitidos o pasados por alto. Pero, por lo demás, la historia que está usted a punto de leer es real. La naturaleza grotesca de ciertas escenas no es en modo alguno exagerada —si acaso, Maury ha insistido en que los extremos más desagradables fueran suavizados.

Maury ha insistido también desde el principio, en que su historia no tiene ningún valor si no lleva fruto —si no ministra a la vida del lector. Su oración, mientras se da a conocer a fondo y expone el latido mismo de su corazón, es que este libro exprese el amor del Padre Celestial.

Sí, esta es una horrible historia, en ciertos momentos espantosa, y aun así, en último análisis, cargada de principio a fin de la belleza y majestad de la gracia de un Padre Celestial amoroso. Este es un relato del amor y de la misericordia sin límites de Dios sobre un fondo de crueldad y sufrimiento humanos.

Doug Brendel
Chicago

CAPITULO UNO
La presa del animal

Jehová me llamó desde el vientre, desde las entrañas de mi madre tuvo mi nombre en memoria.

—Isaías 49:1

El niño estaba demacrado —en parte a causa de la pobreza y en parte por nerviosismo—; tenía los ojos hundidos y su rostro triangular hacia abajo en una expresión tétrica y vacía a la que ni siquiera se la podía calificar de ceño. Su pelo, liso, oscuro y fino, se hallaba mal recortado, no muy limpio, y desgreñado. Su piel, que a los cinco años hubiera debido ser rosada, tenía un color gris amarillento mortecino.

Solía ponerse en un rincón distante del dormitorio —en el rincón oscuro, lejos de la puerta—, mirando fijamente por la ventana al jardín y, más allá, al puente donde desaparecía la vía del tren. Noche tras noche el niño había perfeccionado su técnica de permanecer de tal manera inmóvil que no atrajera ninguna atención indebida. No había sitio para esconderse en la casa; pero allí, en la solemne oscuridad de la solitaria alcoba, podía poner por lo menos un metro y medio de distancia entre sí y el descansillo superior de la escalera. No obstante, el miedo era demasiado grande para hacerle

15

frente; y el niño siempre estaba de cara a la ventana con su espalda hacia la puerta.

La casa era un viejo estuco, de construcción lo suficientemente floja como para que cada persona que la habitaba pudiera saber dónde estaban los demás. Los hermanos y las hermanas podían estar jugando, charlando y discutiendo en el piso de abajo, y la madre en la cocina, y el solitario niño de arriba era capaz de oírlo todo. Cuando el peligro no se hallaba tan presente, éste se escabullía a menudo hasta el suelo del descansillo, y echado boca abajo sobre su enjuto vientre, descansando el mentón en sus nudillos, miraba con los ojos entornados a través de la rejilla del respiradero del suelo la actividad de abajo. Con las luces apagadas en el piso de arriba, el respiradero y la ventana del dormitorio proporcionaban los únicos finos haces de luz en el mundo del niño, y éste se dejaba atraer por aquella luz que salía del suelo como si se tratara de un amigo íntimo como aquel con quien uno crece jugando al béisbol en la calle —con la diferencia de que el pequeño no tenía tales amigos.

Luego, la vieja casa floja les decía a sus habitantes que algún otro había llegado. Invariablemente, los niños de abajo se sumían en una inquietante calma mientras el viejo se alzaba a sí mismo, borracho, mientras subía los escalones del porche de cemento, y avanzaba luego pesadamente hasta la puerta de rejilla que chirriaba cuando uno la abría y silbaba cuando se cerraba de golpe al soltársela.

De modo que el viejo estaba de nuevo en casa. Se le podía oír gritar, refunfuñar luego, y más tarde vociferar otra vez; mientras profería maldiciones a granel en su ebrio atontamiento, y gruñía al dar traspiés por la planta inferior. Los niños y la madre le hacían lugar, de manera muy parecida a como uno se quita gustosamente del camino de un animal grande y hostil. Pero ninguno de ellos era la presa de aquella bestia.

En el piso de arriba, el golpe delator de la puerta de rejilla hizo que el niño percibiera un silencioso timbre de alarma. Luego, se puso en pie de un salto con un solo movimiento reflexivo, abandonando su lugar acogedor cerca de la luz del suelo; se escurrió por la puerta del dormitorio hasta la ventana situada en el rincón distante del mismo. Había aprendido a moverse rápidamente, antes de que el viejo pudiera advertir que dejaba el respiradero. También había aprendido a no esconderse bajo las mantas; a no esconderse en absoluto. Era inútil hacerlo. Sólo si se quedaba derecho y silencioso en el negro rincón del cuarto, y miraba inmóvil por la ventana, podía a veces evitar el horror.

Finalmente, después de un minuto o de una hora de gruñir y refunfuñar obscenidades, el viejo se dirigía hacia la escalera. A medida que cada escalón se combaba bajo su peso, el niño reprimía un escalofrío. Trataba de no temblar, ya que el hacerlo podría provocar al monstruo.

El viejo podía tomar dos direcciones, y cada noche era necesario determinar por cuál de ellas se encaminaría. Al ascender por sí mismo hasta el último escalón, era posible que girara hacia su izquierda —en dirección al cuarto de baño y a su dormitorio— o que siguiera derecho hacia adelante hasta entrar por la puerta de la habitación del niño. Este podía siempre sentirle subir el último peldaño, mientras en las sombras esperaba orando desesperado y silenciosamente que el hombre girara, girara, girara. . .

Algunas veces, si había tomado tan poco licor que no quedaba exhausto, el viejo podía pensar lo suficientemente claro como para sentir la angustia del niño, y entonces disfrutaba aquel momento en que llegaba al rellano de la parte superior de la escalera. . . lo gozaba al hacer que el niño se retorciera interiormente mientras la decisión aguardaba.

Para el niño frágil y enjuto, se trataba de un hombre enorme; aunque no era más fornido de lo normal, y se distinguía únicamente por su cabeza calva y el bigote. Pero sus fuertes manos se destacaban por sus dedos poderosos y gruesos. Parado en el rellano, y mirando fijamente dentro del dormitorio la silueta delgada del niño, el viejo parecía un volcán próximo a estallar, pero inseguro en cuanto a si valía o no la pena de gastar su energía.

Y allí, sobre el descansillo, se quedó maldiciendo, maldiciendo todo el tiempo. Desde el momento en que empezó su larga ascensión de las escaleras, el horrible veneno se podía oír brotar a raudales de su boca por toda la casa. Según el grado de su borrachera, podía enfurecerse como un toro o rezongar como un perro amenazado; pero siempre que se acercaba al final de las escaleras sus palabras eran las mismas —con la mirada fija en el niño pálido y flaco cuyo rostro se advertía como una mancha blanca en el rincón alejado, cerca de la ventana, el viejo profería:

—Negro bastardo. . .te voy a matar, negro bastardo. Esas palabras hacían que los músculos del niño se pusieran tensos, tirantes por el pánico que no encontraba alivio. Luego, cuando sucedía lo peor, el viejo dejaba de hacer el giro y sus pisadas de borracho le conducían a través de la puerta del dormitorio hacia el aterrorizado chico.

—Negro bastardo. . .te voy a matar.

El niño podía sentir el calor de su cuerpo a medida que se acercaba. . . podía oler el licor. . . casi probar la ira.

El viejo le agarró por el brazo, envolviéndolo con sus grandes dedos como si fuera un palo de escoba. Con su otra mano empujó al chico contra la pared, y luego, echando el brazo hacia atrás, cerró sus dedos para formar un puño colosal.

Para el resto de la familia no había nada que pudiera hacerse. En vano la madre siempre intentaba detener al viejo antes de que llegara a los escalones; pero éste invariablemente conseguía hacerla callar a gritos o —las más de las veces— esperaba a que terminara la confrontación y sin que ella se diera cuenta se escabullía hacia la escalera. Luego, cuando los niños de abajo, sobresaltados y sorprendidos por el ruido del cuerpo del chico que golpeaba contra la pared en el piso de arriba, la acorralada madre salía disparada en dirección a la escalera. En la planta inferior, no todos los niños, de diferentes edades, habían aprendido a no hacer caso de los horribles episodios. Los mayores se miraban confundidos unos a otros, o fijaban su vista en el suelo; los más pequeños recorrían alocadamente con sus ojos las caras de los demás, en busca del alivio de una explicación; deseosos de encontrar a alguien que terminara con los gritos de arriba.

El viejo dio al niño de puñetazos hasta que se hastió, y luego le tiró al suelo como un muñeco de trapo y comenzó a darle patadas. El niño gritó hasta que sus gritos se le ahogaron en la garganta; luego sólo luchó por seguir respirando. Con el peso del horror de la escena sobre él, todavía podía recordar claramente que no tenía que resistir más de lo debido —siempre se acordaba de que la resistencia ponía al viejo más exaltado.

Por último, una vez liberada su ira, el viejo se detuvo. Luego, todavía murmurando algo del "negro bastardo", se volvió y tambaleándose dobló la esquina y entró en el cuarto de baño para aliviarse algo la embriaguez —si podía estar en pie el tiempo suficiente.

El niño quedó tendido en un montón, jadeando y llorando silenciosamente, su cuerpo molido por el dolor y su mente acosada por incisivas preguntas.

¿Por qué me odia? ¿Cuál es la causa de que me esté sucediendo esto? ¿Por qué nadie me quiere?

Mucho después de que el viejo saliera caminando pesadamente del cuarto de baño y se arrojara luego a la cama, el niño podía correr el riesgo de levantarse del frío suelo de madera. A veces uno de sus hermanos estaba allí para ayudarle y comprobar sus magulladuras, con objeto de asegurarse de que no tenía nada roto.

Y en ocasiones, cuando no se levantaba, sus hermanos le daban palmaditas y pronunciaban su nombre: "Maury. . . Maury. . . ¿Estás bien?"

En cierto sentido era extraño oír aquella pregunta relacionada con mi propio nombre. No había nada bien en cuanto a mí. Yo era el despreciado negro bastardo, y no sabía por qué.

CAPITULO DOS
Desviada

*Cuando la mujer hermosa condesciende a la locura,
Y descubre demasiado tarde que los hombres
traicionan,
¿Qué encanto puede aliviar su melancolía?
¿Qué arte puede lavar su sentimiento de
culpabilidad?*

—Oliver Goldsmith, 1766

De todas las hermanas Peters —y había siete sin contar a los dos hermanos—, Alicia parecía la más prometedora. Su madre era una mujer gorda y austera que tomaba su cristianismo con extrema seriedad; y se sintió emocionada cuando la chica hizo maletas para ir a la escuela bíblica en Nueva Jersey, Estados Unidos.

Aquella escuela estaba muy lejos del hogar de los Peters, situado en París, Ontario, y Alicia se sentía un poco intimidada por el hecho de hallarse tan alejada de casa y con la responsabilidad de hacer un buen papel. En la escuela pasaba sola la mayor parte del tiempo y sus notas eran razonablemente buenas.

A medida que estudiaba más y más las Escrituras, sintió en su interior un inquieto llamamiento al evangelismo; y sus amigos encantados la apodaron Aimé al iniciar el circuito de predicación. El ministerio de Aimé

Semple McPherson se encontraba en el zenit de su popularidad, y ellos tenían fe absoluta en que Alicia seguiría sus santos pasos. Las iglesias encontraban que la chica era una buena predicadora, y sus reuniones tenían éxito, pues por lo general crecían de un año a otro mientras que con su sencillo mensaje del evangelio cruzaba en todas direcciones el continente norteamericano.

Sin embargo, el ser la favorita de mamá tenía sus desventajas. Cuando la señora Peters cayó enferma no quiso que ninguna otra persona cuidara de ella, y el entusiasmo por el ministerio de Alicia cesó al tratarse de su propio bienestar —de todas maneras, las otras hermanas se sentían menos inclinadas a dar una mano a la irascible anciana. Así que Alicia abandonó de mala gana su ministerio —sólo por corto tiempo, decidió— para estar en casa con su madre enferma. Por lo menos esa fue la historia que oímos más tarde.

Tenían poco dinero para gastar —la familia Peters nunca había sido rica—, y Alicia encontró un trabajo en París estableciéndose en un servicio rutinario de enfermera. Su madre era gruñona o lastimera, según el talante que estuviera, y aquello exasperaba a Alicia. Resultaba difícil mantener una perspectiva cristiana apropiada y positiva de la vida con aquella quejumbrosa carga todo el tiempo.

Cierto día, el viejo automóvil de la señora Peters hacía un ruido raro, y Alicia lo llevó al taller de reparaciones. El mecánico miró tanto el vehículo como a ella; y Alicia a su vez encontró al hombre atractivo, —no obstante estar untado de grasa, aceite de lubricar motores y polvo, y brillante del sudor.

Se llamaba Roberto Wick, y era un amante de la diversión y del trato social —el caballero acostumbrado a las cosas del mundo en todo sentido. Tenía la costumbre de tomar unas copas con los amigos en el bar del hotel al final del día, y aunque con renuencia al principio, Alicia se unió a él.

Pero la chica también se fue acostumbrando al estilo de vida de Roberto, y de algún modo, en las semanas que siguieron, su perspectiva espiritual se desenfocó poco a poco; entonces, casi sin que pudiera hacer nada para evitarlo, erró adentrándose en una vida nueva y triste.

Las personas comentaban por todo el pueblo. Les gustaban los buenos chismes, y aquella relación —después del trabajo de Alicia en el ministerio— proporcionaba el mejor condimento. Allí estaba la bella joven evangelista apartada, enamorada del guapo y rudo mecánico.

En la relación había evidencias de virtud; elementos a los que Alicia se podía agarrar emocionalmente y emplearlos asimismo para excusar con razonamientos su cuestionable moralidad. Roberto la trataba cortésmente, como un caballero. También le era fiel, haciendo de ella su único objeto de afecto. Se adoraban el uno al otro. Era como Alicia siempre había pensado que sería una verdadera aventura romántica.

La madre de Alicia estaba airada, deshecha, avergonzada; y quedó horrorizada cuando su hija se fue a vivir fuera de casa —y sin embargo la unión tomó una forma más y más definida.

Cuando nació Rosa, Alicia luchó por mantenerse a la altura de las circunstancias. Su familia nunca había sido muy ordenada, y ahora su manejo de la casa —o la falta del mismo— confirmaba aquella herencia. La pequeña vivienda —nada elegante para empezar— estaba hecha un desorden y manchada con la suciedad grasienta que queda al no limpiar cuidadosamente las superficies. La ropa para lavar y los utensilios de cocina sucia se acumulaban continuamente, lo que daba a la casa un aspecto desagradable a la vista.

Por lo demás, Roberto y Alicia se establecieron y se instalaron en la comunidad de París como una familia más o menos normal. Tenían el contacto natural con la madre de ella y con la de Roberto, y también algo con el hermano mayor de éste: Cyrus, un yesero local. En muchas maneras, la suya era una vida típica de la clase media baja de las pequeñas ciudades de Ontario, Canadá, por los años treinta. Después de Rosa vino Javier, y más tarde un tercer hijo, Francisco.

Pero, cada día, la vida se hacía más compleja para Alicia con cada nuevo niño. Había pocos ingresos, ya que la crisis económica consumía al continente. La paciencia se agotaba; y la vida era penosa y molesta. Sin embargo, Roberto y Alicia resistían. Entonces, un viento invernal del norte trajo pulmonía a París, y Roberto cayó enfermo. La enfermedad le agarró poco a poco, obligándole a guardar cama una y otra vez; y a la larga a quedarse allí permanentemente. Sus pulmones se infectaron ominosamente de veneno, y se obstruyó el paso de su provisión de aire. Su tos crupal resonaba por la casa, y acentuaba el llanto de los bebés y el chisporroteo de un radio barato. Hasta que llegó el día.

Quedaba muy poco dinero para enterrar a Roberto como era debido; y la madre de éste se mostró odiosa con Alicia, negándose a prestarle ninguna asistencia. Pero su hermano mayor, Cyrus, quien estaba encariñado con ella, le dio algo de ayuda. Lo sentía de veras por Alicia, al quedarse desamparada y prácticamente sin dinero y con tres niños en medio de la crisis económica. Siempre la había mirado con agrado, aunque sólo fuera por lo hermosa que había sido. Ahora, su pelo se había hecho considerablemente menos denso y las patas de gallo estaban saliendo furtivamente de sus ojos; pero todavía era una mujer hermosa al principio de sus treinta, y atractiva —especialmente para un hombre como Cyrus, que en otro tiempo había conocido el matrimonio pero cuya esposa había muerto trágicamente en un fuego infernal del vecindario años antes. Cyrus nunca había tenido hijos, pero los había deseado; y ahora, a los cincuenta, pensaba que la oportunidad de ser padre era remota.

En los días que siguieron a la muerte de su hermano, el hombre se sentó y reflexionó acerca de Alicia; y pudo ver cómo su interés se avivaba al pensar en ella —pensar en acompañarla a la ciudad, en salir a cenar con ella, en tener juntos una conversación ligera y animada, en reír con ella, vivir con ella, despertarse a su lado. . .

Al principio de la viudez de Alicia, Cyrus proveyó gustosamente la fortaleza necesaria en la vida de ésta. Trató de estar lo más presente posible, llenando los vacíos emocionales a medida que se iban haciendo evidentes. Ella necesitaba a alguien con quien hablar, algunas veces más que otras; también alguien a quien escuchar, allí donde había habido una persona durante tanto tiempo; asimismo precisaba dirección, consuelo, apoyo. . . y Cyrus le proveyó todo ello, de buena gana, en los días y las semanas después del funeral.

Cada vez que la veía depender de él, el hombre se entusiasmaba más con el pensamiento de hacerla suya, e igualmente se sentía más y más confiado en que ella realmente aceptaría la idea. "Mírala" —pensaba—: "Está ahogada con los niños, el cuidado de la casa y las necesidades económicas. Un hombre de negocios de éxito de la comunidad podría resolver la mayoría de sus problemas con un simple trazo de la pluma del juez".

En cuanto a él, Cyrus, podía sentir brotar de nuevo en su interior los viejos impulsos juveniles. Con la hermosa Alicia Peters Wick, podría renovarse como varón, servir de padre para los hijos de su propio hermano, y vivir la vida ordenada y aceptable de un hombre de negocios canadiense de cincuenta años.

Pero, mientras Cyrus Wick se sentaba solo y meditaba entre los frecuentes encuentros con el objeto de su creciente afecto, Alicia se sentaba sola y reflexionaba. Durante años había huido interiormente del complejo de culpabilidad después de desechar su herencia espiritual, y había enterrado profundamente su conciencia en la rutina diaria de la vida. Vez tras vez apartó de sí conscientemente la idea de que había dejado que su vida fuera infectada por el pecado. Y sin embargo, la infección se había extendido, hasta tal punto que ahora era difícil separarla de las cosas de las cuales estaba hecha su vida. Alicia examinaba la evidencia: tres hijos, una condición financiera indigente (tristemente simbolizada por la pila de facturas médicas de Roberto), una suegra hostil, una madre herida y quebrantada (para quien ella resultaba de continua turbación), y una vida sin Dios desprovista de amor. Y al mirar a su alrededor, a la casa, se daba cuenta de que era miserable —la causa de desaliento final.

A veces había sentido anhelos por su antigua vida recta, pero nunca fue práctico considerar volver a ella después de que Roberto apareció, y menos aún al venir los niños. Pero ahora, por unos momentos fugaces se preguntaba si resultaría posible hacerlo. . . volver a la vida que había conocido —a la libertad que en otro tiempo experimentara sin apreciarla jamás plenamente hasta que la perdió. Ahora había aceptado una carga completamente nueva: la de la culpabilidad, la vergüenza y el enfrentarse continuamente a diversas formas de desaprobación.

Alicia suspiró y lanzó una mirada a sus niños. Ellos eran la causa de múltiples presiones en su vida. Además de criarlos, ahora estaba siendo acosada por las autoridades provinciales para que proveyera para ellos de un modo más adecuado o correría el riesgo de una acción judicial. Por otra parte, la negra nube del sentimiento de culpabilidad, sin importar cómo tratara de ocultarla, siempre sería algo bajo lo que tendría que vivir. Así que, en el fondo, ¿qué sentido tenía el tratar de volver? Se dijo a sí misma que nunca podría realmente enderezar las cosas; ya estaban demasiado torcidas.

Alicia podía prever que Cyrus Wick le iba a hacer una propuesta. Quería resistir, retroceder, reagruparse y darle de nuevo la mano a Dios para vivir una vida recta; y forcejeaba interiormente con el conflicto. Pero Cyrus ofrecía tanta seguridad y ánimo. . . Tenía tanto sentido común práctico. . . Resultaba difícil no rodearle con los brazos en momentos tiernos cuando estaba siendo tan amable y paciente con ella.

Aquel conflicto en su interior no estaba resuelto para cuando finalmente Cyrus le pidió que se casara con él. Era tentador el aceptar por todas las razones obvias —a pesar de que él tenía veinte años más que ella. Sin embargo, al mismo tiempo, Alicia quería huir, escaparse de la presión, zafarse de las insistentes autoridades provinciales, establecerse con sus hijos en algún otro lugar donde pudiera dejar muy atrás el pasado, en algún sitio donde las lenguas de los lugareños enmudecieran, donde nadie conociera la vida piadosa que había llevado en otro tiempo ni tuviera por lo tanto nada a lo que comparar la presente —en donde pudiera contar una sola mentira elaborada acerca de su pasado y acabar con ello de una vez por todas.

La gente decía que en los Estados Unidos había unos pocos trabajos más que en el Canadá, y el estado de Michigan estaba sólo a unas pocas horas de viaje. Alicia tenía dos hermanas en la ciudad de Flint. Podía dejar a los niños con su madre y pasar allí algunas semanas mientras buscaba empleo. Allá podría empezar una nueva vida, llevarse luego a los niños, y volver a comenzar fresca y renovada —y, a todos los efectos prácticos, limpia.

Cyrus no se esperaba un rechazo. Había pasado horas y días imaginándose la respuesta tierna y tímida de Alicia —quizás ella incluso vacilaría y querría tomarse algún tiempo para pensar acerca del asunto, de una manera totalmente encantadora y femenina. Pero nunca previó la negativa, y lo que la mujer dijo le tomó desprevenido. . .

En su interior rugía silenciosamente como un león herido, igualmente airado y dolido. ¡Era irrazonable que le rechazara! Le irritaba especialmente el hecho de que su hermano le hubiera parecido bastante para ella y que él no lo fuera —idea que Cyrus mismo concibió, aunque Alicia nunca aludió a un pensamiento parecido. Pero aun así, el exterior del hombre fue propio de un caballero: asintió con la cabeza, dijo que comprendía, y mintió expresando que la cosa no tenía importancia.

Mientras ella abandonaba la ciudad en su automóvil, con los baúles que Cyrus le había ayudado a preparar, el amante rechazado se hallaba ardiendo por dentro; y aquel arder y hervir no terminó cuando Alicia se perdió de vista —Cyrus continuó alimentándolos narrándose en su mente las irritantes escenas: aquellas ocasiones vulnerables y tiernas en las que él la había ayudado y animado; y luego el momento desgarrador cuando Alicia explicó de una forma tan indiferente que no podía casarse con él. Cada vez que repetía las escenas se enfurecía más y más con ella.

Cyrus tenía una gran capacidad para la bondad —lo había demostrado y se le había desechado. Pero su capacidad de venganza también era grande, como él y Alicia descubrirían.

Alicia huyó a Flint, Michigan, con la vaga esperanza de que su vida diera un giro completo, y esperando específicamente poner cierta distancia entre sí misma y su pasado. Quizás, sólo quizás, pensaba, podría finalmente enmendarse. Tal vez en un nuevo ambiente experimentaría mágicamente una renovación espiritual y comenzaría de repente a vivir el tipo de vida cristiana que sabía era correcta.

Pero hacía mucho que sus raíces espirituales habían sido arrancadas, y se hallaba muy lejos del cimiento de las Escrituras que en otro tiempo fuera la piedra angular de su ministerio evangelístico. Ahora no había fundamento sólido en su vida —sólo un correr, huir, buscar. . .

En Flint, una compañía que fabricaba piezas de maquinaria había sobrevivido al colapso de todas las otras empresas de su género; y ésta —Irving Machine Parts— contrataba eventualmente ayuda a tiempo parcial —a gran diferencia de la mayoría de los negocios supervivientes de aquel entonces, en los que los carteles de "No hay empleo" colgaban como lápidas fuera de sus puertas principales.

Allí contrataron a Alicia.

Los hombres que trabajaban en aquella empresa muy pocas veces encontraban a una mujer hermosa empleada en la fábrica. Alicia era la rara excepción, por lo que le prestaron el grado de atención debido, en el cual prosperaba de día en día, sonriente agradable, tímida o vergonzosa según el capricho del momento.

Un hombre en particular captó la atención de Alicia. Este trabajaba cerca de ella en la fábrica, y sólo necesitó un par de días para hacer del hablar con ella algo importante para él. Era bien parecido, tenía una mandíbula fuerte y cuadrada, y pómulos prominentes —un hombre saludable, de cara vigorosa y con un agudo sentido del humor. Se llamaba Maury Blair, y a ella le agradaba.

Fueron a cenar juntos varias veces, y Alicia jamás mencionó los hijos que tenía en París; tampoco habló nunca de Cyrus, a quien había dejado atrás consumiéndose. Sí dijo que había estado casada, y que su esposo había muerto de pulmonía; pero aquel Maury Blair era tan agradable, estaba tan libre de su complicada vida allá en el Canadá, que Alicia no quería correr ningún riesgo en cuanto a malograr su relación con él.

Ciertamente la relación no se malogró; y a medida que en Flint la primavera se fue transformando en verano, se encariñaron más y más el uno con el otro, y cada vez pasaron juntos períodos más largos en ambientes de una intimidad cada vez mayor. En un santiamén Alicia se había olvidado de su vaga búsqueda de una vida recta y se sentía totalmente enamorada del encantador y divertido Maury Blair. Este no tenía en absoluto la rudeza de Roberto Wick, ni la avanzada edad de Cyrus; y allí no había nada de la paranoia de París. Era una delicia estar con él, hablar, escuchar y reír. Iban de picnic a la reserva forestal de la localidad, y Alicia flotaba, lejos de las tensiones y de los cuidados y preocupaciones que la habían llevado a Flint al principio.

Pero la vida sólo podía ser agradable en cortos interludios, mientras ella siguiera huyendo, y a medida que los días se fueron haciendo más calurosos, progresivamente se dio cuenta de que estaba embarazada.

Su angustia comenzó a hacerse más profunda al empezar a comprender lo que aquello significaría para Maury Blair. Podía arruinarle, asolarle, si le presentaba aquella situación; y le amaba tanto que no quería ver la tristeza de su rostro cuando le diera la terrible noticia. Podía imaginarse cómo su cara sonriente se ensombrecía, sus brillantes y alegres ojos se empañaban y entristecían. . . y luego, con su manera recta y caballerosa, le pediría que se casara con él —lo cual traería a colación el asunto de los tres niños allá en París, y toda la enmarañada historia de su pasado.

Cada día se consumía un poco más, a medida que la

necesidad de hacer una decisión llegaba a ser más y más perentoria para ella. En su mente Alicia hacía juegos malabares con las opciones, esperando desesperadamente que una de ellas apareciera de manera clara y repentina como la mejor; y entretanto oraba fervientemente una y otra vez que de un modo milagroso resultara no estar encinta.

Maury notó su creciente inquietud, su aspecto turbado y a veces distante. Alicia no podía concentrarse en una conversación, y en ocasiones estaba irritada; pero seguía insistiendo en que no pasaba nada.

En su interior se hallaba confusa. La vida se había vuelto contra ella una vez más. La tensión había comenzado de nuevo. Alicia sentía que pronto los acontecimientos la abrumarían, y quedaría sumergida por completo en el maremoto de la mala suerte y en el horror de un destino trágico. Parecía que hacía tanto tiempo que la roca de su salvación había desaparecido. . . nunca podría volver allá de nuevo; jamás podría apoyarse otra vez en Jesús. Era una posibilidad tan remota que en ninguna ocasión se detuvo a considerarla seriamente. Aquello pertenecía a su juventud. . . a su niñez; se trataba de la escuela dominical. Ahora debía arreglárselas como un adulto.

Sin embargo no parecía poder salir adelante; no del todo.

Se sentó en la cama, y la tristeza la inundó. Su cansado rostro se tornó rojo y cálido mientras sollozaba. No tenía sentido llorar a solas, pero el pesar de su vida había vuelto a alcanzarla, y no disponía de ningún otro modo de desahogarse que con sus lágrimas. No gimió, ni se lamentó, sólo lloró silenciosamente, sola, sintiendo lástima de sí misma, de su amante, de sus niños en París y del hijo que llevaba en su vientre.

Luego, como siempre hacía, se irguió con dignidad respirando profundamente, se limpió las mejillas mojadas frotándolas con el revés de su muñeca, y se puso a lanzar otra vez todas sus ropas dentro del baúl. Debía escaparse de nuevo. Tenía que huir de la escena de aquel crimen imprudente y accidental. Quizás con una huida más pudiera borrar los errores que la perseguían.

No dejó ninguna nota para Maury Blair; lo intentó pero no pudo encontrar palabras —no fue capaz de mentirle tan a sabiendas, tan directamente. Cada mentira era una huida, pero ahora huía incluso del mentir. Por lo menos esa fue la historia que oímos más tarde.

A la mañana siguiente, cuando ella no se presentó a trabajar, Maury sintió inmediatamente lo que había sucedido, y al final del día fue a su casa y la encontró vacía. Lo siniestro comenzaba a esclarecerse. El hombre registró la habitación buscando una pista acerca de su destino, pero no había nada; Alicia no había dicho ninguna cosa acerca de sus planes. Nadie en Irving Machine Parts había oído palabra alguna.

El sordo dolor del pánico amenazó el equilibrio interno de Maury. Si ella llevaba en el vientre a su hijo, él quería saberlo, quería casarse con ella, cuidar de ella, proveer para el niño. . .

Pero no fue sino hasta varias décadas después cuando supe de cierto que era en realidad mi padre.

CAPITULO TRES
Asesta el golpe más doloroso

Al cual su madre llamó Jabes, diciendo:
Por cuanto lo di a luz en dolor.

—1 Crónicas 4:9

Le encantaba el agitarse del niño dentro de ella, aun cuando apretaba nerviosamente el acelerador en dirección a París esforzándose por pensar en otra mentira con la cual explicar el nacimiento que pronto sería evidente. Amaba a aquel niño. . . lo amaba porque era de Maury; y porque había querido a Maury. ¡Ah, si no hubiera tenido que arruinar su relación con él! Pero ahora necesitaba una historia: una explicación para la familia y los amigos. . . y para las inquietas lenguas de París. Debía tener una razón para el dilatado abdomen que pronto la obligaría a abandonar sus ropas y a ponerse las batas de la maternidad.

Alicia se mordió los labios y miró de soslayo la carretera —aunque no estaba observando la calzada. Con los ojos de su mente podía ver el rostro de su madre, sólo un poco entristecido después de tantos años de aflicción. También percibía cómo sus hermanas movían la cabeza de un lado a otro, mientras consideraban su historia, y se preguntaban intrigadas una y otra vez. . . Asimismo podía interpretar ya las escenas con sus diferentes vecinos en el teatro de su imaginación: los hipócritas demostrarían comprensión al mover la cabeza cuando se encontraran en frente de ella, y luego pondrían una sonrisa de desprecio, soltarían una risita falsa y la criticarían dura y copiosamente cuando se alejara.

Mientras los kilómetros de pavimento pasaban rápidamente por debajo de su viejo automóvil, Alicia tomó aquellos elementos de verdad que mejor producen las mentiras y compuso su fábula.

—En Michigan conocí a un hombre extraordinario.

¿De veras, Alicia? —dirían ellos (o "¿De veras, Aimé?", aquellos que la habían conocido por más tiempo y todavía la llamaban por el apodo de sus días de evangelista).

—Pero, naturalmente, esos requiebros de la noche a la mañana nunca resultan.

—No, Alicia; desde luego que no —expresarían con menos credibilidad en sus voces.

—Y nos divorciamos el mes pasado.

—Oh, Alicia. Oh, Aimé, ¡cuánto lo sentimos!

—Entonces descubrí que estaba embarazada.

Eso sería lo que les dijera a todos —se lo creyeran o no. Ella sabría por el corto tiempo transcurrido entre sus palabras y la respuesta de ellos si la habían creído: si no respondían lo bastante rápido era que su historia no había soportado la prueba. En aquel brevísimo tiempo, en el diminuto intervalo de silencio después de que ella revelara su embarazo, siempre quedaría claro si había reunido detalles creíbles o si en los datos conocidos —como el que sólo hubiera estado fuera muy poco tiempo, el que nadie hubiera oído nada de su boda allí en París y el que volviera innegablemente encinta— existía demasiada duda razonable.

Pero, mientras dirigía el automóvil a su antigua calle, Alicia se daba cuenta de que la historia tendría que valer. Absurda o no, era todo lo que tenía para salir adelante.

Se llamó a sí misma señora Blair, lo cual, según pensaba, le daba un grado razonable de respetabilidad. Señora de Maury Blair —el nombre le sonaba bien.

Pero cada vez que contaba la historia, podía darse cuenta de que las viperinas lenguas de París no la creían. Nadie se le rió en la cara —lo cual no suponía ninguna sorpresa—, sin embargo la fábrica del chisme estuvo muy activa durante semanas mientras el embarazo de Alicia se hacía evidente.

Cyrus la estaba aguardando, generoso y —según todas las apariencias— satisfecho con esperar en las alas de su vida. El hombre prosiguió meticulosamente una vida social agradable y dinámica, haciendo que Alicia se sintiera femenina cuando según cualquier otro criterio no hubiera sido así. Para él se trataba de una inversión sexual —encantos que según esperaba, serían recompensados más tarde; cuando aquel embarazo se quitara de en medio.

Pero Alicia podía percibir, en algún lugar muy dentro de él, ira en cuanto al anterior rechazo y acerca de aquel hijo de otro hombre que ahora ella llevaba en el vientre.

Ciertamente, según su propio criterio, Alicia no se sentía femenina, e interiormente era todo agitación —la vieja desesperación se le pegaba como melaza, y no podía escapar de ella. Los problemas económicos eran peores que nunca, muchas veces no se sentía bien, los niños estaban irritables e inquietos, la casa hecha un desastre.

Algunos días, cuando Alicia se sentaba con su estómago delante de sí y el niño que pataleaba sin piedad, anhelaba ver de nuevo a Maury Blair. Había llegado a sumergirse en su cariño aquel verano, y ahora, cuando las hojas canadienses se secaban y tornábanse marrón y suaves por todas partes en torno de ella, le echaba de menos. No sentía el mismo amor por Cyrus que había tenido por Maury —éste había sido, según el torcido patrón de su vida, un amor verdadero. Y sin embargo sabía, aun al languidecer, que había perdido para siempre a Maury Blair. Algunos días sentía que la tensión sería insoportable; y aun así, a la mañana siguiente siempre se despertaba más sobrecargada todavía —y aun se ponía más gruesa y pesada con el hijo de un hombre al que realmente amaba; un hijo que en cierto modo, aborrecía tener en aquellas horribles circunstancias.

No había dinero para una visita al hospital; así que cuando llegó el terrible día, Alicia acudió a Zeke Virgil, propietario del salón de billar, para que la llevara en automóvil a Brantford, en el condado de Birch. No podía pedírselo a Cyrus —Brantford, donde tantas madres indigentes habían dado a luz a sus hijos, era, de alguna manera, demasiado desagradable. No fue el tipo de bienvenida que a Alicia le hubiera gustado dar a la descendencia de Maury Blair; y, de hecho, determinó no decirle nunca al niño la verdad acerca de dónde había nacido —pero por lo menos era relativamente seguro, y se ocuparían de ella durante las horas cruciales.

Se trataba de un niño enfermizo, que nunca se sentía cómodo en aquellas primeras horas y aquellos primeros días de su vida en el ambiente al que había sido empujado —quizás un presagio de sus agonías futuras. Parecía absorber gérmenes del aire como si su sistema, de una forma perversa, los necesitara para sobrevivir. Todos los microbios venían a vivir en su frágil cuerpecito. Las reservas de grasa del niño pronto se consumieron y sus brazos y piernas no engordaron —parecían carriles.

Alicia estaba aturdida con las presiones que la vida había puesto sobre ella mientras se recuperaba de otro parto. Cada nueva decisión tenía que ser sopesada delicadamente contra el enmarañado telón de fondo de su pasado —recordando a quien le había dicho cada versión de la verdad. Como resultado de todo ello, llegó a la conclusión de que el nombre del nuevo bebé debía ser el mismo del hombre del cual mintió había sido su esposo y del que luego se divorció; se llamaría Maury Blair.

Pero en su agitada confusión, Alicia no quería comprometer legalmente a aquél a quien había estado amando cuando concibió al bebé; así que evitó enfrentarse al requisito legal de registrar al niño por el que obtendría un certificado de nacimiento para él. No quiso inscribir a Maury Blair como padre —y a causa de ello, aunque la mujer tenía poca idea de las ramificaciones del asunto, el pequeño Maury no existiría legalmente.

Alicia volvió a París con su enfermizo bebé, y las viejas agitaciones conocidas se reanudaron al ver de nuevo a Cyrus. Todavía había en él aquel pestañear que le decía que era accesible, vulnerable, una posibilidad. Ella se mostró cuidadosa, cauta en su planteamiento mientras se detenían a tomar una cerveza en el bar del hotel de París. Con mucho tiento ambos se fueron abriendo camino a través de las tensas necesidades —Alicia informándole a Cyrus de cuán horrible error había sido el asunto Blair, de lo mal que éste la trataba (aunque aquello no se lo había dicho al resto de los lugareños), de cómo había abandonado al canalla sólo después de llevar un corto tiempo en Flint. En su interior, Cyrus, hombre listo, se resistía a creerlo; pero ella se mostraba tan tímida en su súplica mientras hablaban, que el hombre tenía dificultad en separar la verdad del disparate; de modo que manifestó su acuerdo con la cabeza.

Sin embargo, Cyrus no se lanzó precipitadamente. Quería dejarla con la interrogante por un tiempo, dejarla colgada un poco sobre el precipicio. Le encantaba ver a la amante pródiga arrepentida que volvía a él de rodillas, urgida de él, tanto, tan lastimeramente. . . y ahora podía mantenerla en suspenso; ahora le era posible derramar en ella otra vez toda la ira y la humillación del antiguo rechazo. El odio hirviente y llameante, que ya llevaba varios meses en desarrollo, podía ahora encontrar por fin, de esta manera perversa, una expresión digna. Cyrus pensó en las debilidades de Alicia —en los elementos más vulnerables de su fragmentada vida. Buscó un lugar donde asestar el golpe más doloroso, en el cual dejar una herida que no sanara, sino que únicamente pudiera hacerse más y más punzante; y pensó en el bebé —Maury Blair.

Los ojos de Alicia siempre se iluminaban ligeramente cuando miraba al pequeño Maury, y Cyrus reconocía que ella había reservado un lugar especial en su corazón para el niño, lo cual le ponía furioso. Estaba claro para él que la mujer todavía tenía un amor profundamente arraigado por el hombre que había engendrado a aquel pequeño. Quienquiera que hubiera sido aquel amante, había encontrado el camino al lecho de Alicia durante ese largo y humillante verano del rechazo de Cyrus; y éste pensaba ahora en el niño como en la evidencia viva de sus propios sentimientos pisoteados, y hervía silenciosamente de rabia.

Entonces se le ocurrió que su situación era ideal: podía tener lo que deseaba y al mismo tiempo destruirlo. Y, en algún lugar de la noche, Cyrus Wick concibió su siniestro plan.

—Cyrus, no puedes estar hablando en serio —le reprendió Alicia con un poco de nerviosismo al oír su propuesta.

Cyrus la miró impasible, sin ninguna expresión en sus ojos: —Lo estoy —respondió.

La mujer sintió el latir de la preocupación en la boca de su estómago. Sabía instintivamente que quería decir lo que expresaba: Se casaría con ella, pero ella debería deshacerse del pequeño Maury.

—Pero, Cyrus, es sólo un niño. . .

La cara del hombre se enrojeció y sus narices se ensancharon momentáneamente: —No voy a criar a ese niño —gruñó—. Que algún otro se haga cargo de él. Yo cuidaré de los hijos de mi hermano y eso es todo.

Alicia se sumió en el silencio, mientras su corazón latía con violencia. En un momento recorrió los complicados detalles de su vida: necesitaba desesperadamente la seguridad económica que podía darle Cyrus; ya no podría esperar tener a su cargo tantos hijos sin prácticamente ningún ingreso; sabía que no podía permitirse el lujo de desenmarañar la situación con Cyrus por ninguna causa. Pero regalar su bebé. . . el bebé de Maury Blair. . . El pensamiento le hizo un nudo en la garganta. Era un niñito delgado y frágil, de casi un año, y había algo acerca de él que producía en ella una respuesta especial de afecto cada vez que le miraba. Sus grandes ojos y su pelo oscuro eran tan diferentes a los de los otros niños. . . tan semejantes a los de su padre. . .

Alicia tomó la mano grande de Cyrus y la acarició suavemente. Necesitaba postergar por un tiempo la discusión. Estaba segura de que el hombre cambiaría de opinión en un plazo un poco más largo. . . con un poco más de afecto.

Sin embargo, Cyrus se mantuvo firme; y los días se convirtieron en semanas, mientras la casa, los niños, la pobreza y la suciedad se cernían cada vez más siniestramente sobre Alicia. Cada hora sentía que las habitaciones atestadas y desordenadas se hacían imperceptiblemente más pequeñas, y el hedor como un fantasma se elevaba de la pila de la cocina. La mujer persuadía a Cyrus, pasando cada vez más tiempo en sus brazos, estimulándole con todos sus encantos disponibles para que cambiara las condiciones que había establecido para el matrimonio. Pero Cyrus no se movía —el niño tendría que irse.

Y el tiempo que Alicia pasaba en su propia casa, con sus niños, se convirtió cada vez más en una parodia de la maternidad. No tenía dinero, ni ningún recurso material o emocional para cuidar de aquellos hijos. Tampoco podía esperar que Cyrus la ayudara mientras el pequeño niño de pelo negro —Cyrus le llamaba el "negro bastardo"— estuviera a la vista. Alicia huía de las emociones del conflicto que había en su interior y se retiraba a una neblina mental, muy dentro de la cual, a veces, era capaz de considerar con calma las horribles alternativas. Vagó mentalmente por una docena de planes diferentes, todos los cuales terminaban con la desaparición de Maury. Desde luego, las autoridades provinciales podían hacerse cargo de él, aunque Alicia había oído historias de horror acerca de la disipación de vidas infantiles en el laberinto burocrático. La mayoría de las veces, sus vagabundeos mentales la llevaban a extremos irracionales en los que la trama era de abandono y asesinato. Con toda certeza había muchas maneras de matar a un chiquitín, y en algunas ocasiones ella se imaginaba que podría realmente hacerlo.

Cierto día envolvió al niño y se dirigió al lugar del nacimiento de éste —Brantford. Allí vivía su hermana Isabel, con quien pasarían un par de días. Alicia necesitaba escaparse, al menos por un corto tiempo.

La casa estaba situada en un marco rural, con campos en todo su contorno; y en una ocasión, Alicia dijo que se iba a llevar a Maury a dar un paseo. Isabel se ocupó en quehaceres de la casa hasta que su hermana volvió, cuando el sol ya se ponía y el aire refrescaba. El niño no estaba con ella.

Sentada a la mesa de la cocina, Isabel fijó incisivamente la mirada en su hermana menor. Alicia únicamente miró al suelo y murmuró algo acerca del tiempo y de las comidas del día siguiente; luego se sentó a la mesa mientras suspiraba profundamente. Reinó el silencio en la habitación.

—No puedes hacer esto —dijo por fin Isabel suavemente—. ¿Dónde está?

Alicia no podía contestar. Sus ojos estaban vidriosos y sin expresión.

—Alicia, no quiero ser cómplice de un asesinato —expresó Isabel con un tono de urgencia en su voz; y corriendo su silla para separarla de la mesa, se levantó—. Tenemos que encontrarle.

Mientras su hermana se dirigía hacia los campos, Alicia se quedó sola sentada a la mesa. Su cabeza estaba dando vueltas con imágenes de Cyrus, de los otros niños, de aquella ruina de casa allá en París; y, luego, del señor Maury Blair y de la inocente cara del bebé desvalido a quien había dejado en medio de la crecida hierba sin poder decir a qué distancia. Se levantó y arrastrando en seguida los pies fue hasta la repisa de la cocina, se apoyó cansadamente contra ella, y aguardó. No sabía si esperar o no que Isabel le encontrara. Su estómago daba de latigazos en su interior. Podría tratarse de un accidente. . . nadie lo sabría jamás. . .

Parecía que habían pasado horas, cuando Isabel empujó la puerta trasera abriéndola y entró con un niño que tiritaba envuelto en su manta. La cara de la mujer estaba surcada de líneas y cobriza debido al frío. Pero no tenía nada que decir a Alicia.

Al día siguiente, más tranquila, Alicia volvió con Maury a París.

Alicia luchaba con su nuevo niño, y con los demás, para mantener alguna apariencia de orden —o por lo menos evitar el caos completo— en la apretada casa. El aire en la vivienda flotaba como una pesada nube, con el olor ligeramente desagradable de un lugar desaseado. Una bombilla desnuda y sucia asomaba por el. techo de cada habitación, que iluminaba todo con el mortecino amarillo de unos débiles 60 vatios. La fea propuesta de Cyrus seguía en pie; las facturas se amontonaban; y la tensión continuaba aumentando en la mente de Alicia.

Como era inevitable, volvió a huir —esta vez a London, Ontario—, resistiendo todavía el mandato de Cyrus de dar a Maury a alguna otra persona; y en su huida quedó encinta por quinta vez —un embarazo mantenido en secreto hasta el día de hoy.

El nuevo niño, Marcos, nació en la desesperación de Alicia; mientras el enfermizo Maury estaba inscrito como paciente en el mismo hospital para ser tratado por múltiples enfermedades. Años después, los libros de anotaciones del centro revelarían que el niño Maury Blair fue visitado por alguien que firmó como el señor Maury Blair, —quizás nunca se conozca la verdadera identidad del visitante.

Alicia, languideciendo en su infortunio, se sentía perpleja y despreciable. Sabía adonde debería ir para descansar, donde tendría finalmente que establecerse, si había de impedir que la vida la consumiera por completo. Estaba consciente de que habría de volver al triste y repulsivo pasado —poco diferente en realidad de su triste y reprobable presente—: a París; para enfrentarse con los vecinos una vez más, ver al endurecido Cyrus Wick, y tal vez negociar con él un acuerdo de algún tipo. Después de todo, ahora que Maury estaba un poco más saludable, quizás Cyrus reconsideraría su dura decisión.

Sentía la necesidad de restablecerse; de tomar algún tiempo para sanar. Había sido desgarrada, hecha pedazos y herida con demasiada frecuencia, lo cual la estaba afectando —y aunque tenía sólamente treinta y tantos años, se sentía vieja.

Alicia pensaba acerca de Cyrus. ¿Podría amarle a pesar de lo que estaba exigiendo? ¿Sería posible para ella construir una relación sobre el delgado hilo del afecto que habían sentido? A veces se decía reflexivamente que sí lo era.

Una vez más volvió a Cyrus cojeando —afirmando que su huida a London había sido necesaria y en realidad terapéutica. Pero Cyrus le soltó una risotada de burla. Ya no era aquella serena mujer de antes, capaz de mentir con sutileza; sino una persona exhausta y turbada —y el hombre, sintiendo su desesperación como el león que ataca a la cebra herida, se lanzó sobre ella despiadamente para la concesión que exigía: si quería que la rescatara de todo aquello, se casara con ella, y criara a sus hijos, el "negro bastardo" —como le llamaba— debería irse.

Alicia luchó por no estallar en lágrimas, pero le quedaban muy pocas fuerzas. Luego se derrumbó y lloró angustiosamente. Cyrus la estaba matando.

Sin embargo, su vida se había retorcido de un modo tan perverso, y estaba a aquellas alturas tan deformada, que todavía podía por lo menos considerar la horrible contrapropuesta del hombre. Y en algunos momentos de inverosímiles imaginaciones, parecía tener tan poco sentido el oprimir su propia vida, y las de los otros hijos, a causa de aquel único niñito flacucho... Si tan sólo consiguiera llegar al punto de renunciar a éste, todos los demás serían cuidados. Resultaría tan sencillo poner aquella distancia entre sí misma y la causa de sus problemas: el pequeño Maury Blair...

Y los problemas iban aumentando, de tal manera que parecía que se expandían hacia algún límite cósmico —hacia algún confín más allá del cual los problemas de ninguna persona podrían jamás aumentar. Al mirar a través de sus rendidos ojos, Alicia veía un mundo irreal: la vida le gritaba a cada momento del día, a través de una neblina ilusoria, con cada parpadeo de sus ojos, con cada simple acción y reacción.

Se sentía pinchada y aguijoneada continuamente, y en su mente se arremolinaban imágenes de desastre. Tenía que conseguir alivio, tenía que conseguir algo de paz, algo de ayuda. . . tenía que conseguir a Cyrus Wick. ¿Qué otro la querría? ¿Quién más podría apaciguar el dolor. . . disipar el trauma? A veces, cuando trataba de ordenar el enjambre de sus pensamientos, el conflicto quedaba reducido a una única y simple opción: renunciar a Maury o volverse completamente loca.

Cierta tarde, mientras ambos tomaban cerveza en el bar, Alicia aceptó la oferta.

—Lo haré —murmuró ella.

El la miró.

—¿Mmmm? —gruñó.

—Soltaré a Maury —dijo en voz baja, con los ojos fuertemente cerrados contra el sonido de sus palabras.

Cyrus estuvo silencioso por un momento, y luego exhaló ruidosamente.

—Bueno, asegúrate de hacerlo —expresó, mirando hacia otro lado con mordaz indiferencia—. Mañana conseguiremos una licencia de matrimonio.

Alicia se quedó allí sentada inmóvil, invadida de tristeza. Luego tragó nerviosamente preguntándose si realmente lo haría.

CAPITULO CUATRO
"Te mataría si pudiera"

Pienso que estamos en el callejón
de las ratas.
Donde los hombres muertos perdieron
sus huesos.

—T.S. Eliot, 1922

El tío Guillermo era barbero. Solía venir a comer a casa los domingos por la tarde, y luego recortaba el pelo a los niños.

Yo escuchaba por el respiradero que había en el piso de arriba, mientras olía la comida caliente y me solazaba con el sentido de seguridad que todo ello parecía proveer.

Cuando el tío terminaba de recortarle el pelo a los niños, el diálogo pocas veces variaba.

—Bueno, Alicia —sugería él—,¿por qué no haces bajar a Maury y le cortamos también a él el pelo?

Cyrus gruñía airadamente a su hermano mayor:
—Ni hablar de cortarle el pelo a ese negro bastardo.

—Vamos, Cy, eres un loco y viejo bribón —le reprendía el tío Guillermo—; déjale que baje.

Cyrus maldecía y se negaba a ello.

—¡Probablemente resultará ser el mejor de esos condenados hijos tuyos! —bromeaba el tío Guillermo.

El otro estallaba en arranques de maldiciones, pero eso no le intimidaba a su hermano.

—Ven, deja de fastidiar al chico, Cy.

—Uno de estos días —respondía aquel con voz ronca— voy a matarlo.

Yo me estremecía al oírle, pero sabía que los domingos estaba a salvo; el viejo nunca me pegaba cuando el tío Guillermo se hallaba en casa. Y en el momento en que mamá podía salir inadvertidamente, me recomendaba que pasara por la barbería de éste al volver a casa de la escuela el día siguiente.

—No obstante sal de allí lo antes que puedas, Maury —decía; y yo podía ver la tristeza en sus ojos.

En los primeros tiempos de su matrimonio, mi madre encontró maneras de evitar el despedirme con la esperanza de que Cyrus se iría acostumbrando a mi presencia. Pero no fue así. Este incesantemente echaba rayos cada vez que yo estaba a la vista —maldecía y refunfuñaba como un perro callejero encadenado. Nunca tuve un recuerdo de la primera vez que me pegó; sólo podía acordarme de que era apaleado, siempre apaleado. . .

Cyrus empezó a beber excesivamente a medida que los problemas que Alicia había acumulado se hacían suyos. Se dirigía a casa airadamente desde el bar del hotel en el centro de la ciudad, para luego descargar sobre mí su rabia de borracho. Cuando todavía era una criatura, a veces mamá me envolvía en mantas y andaba por las calles conmigo a cuestas, en espera de que a Cyrus se le pasara su encono y cayera en el sueño de la embriaguez allá en casa.

Aprendí a andar a tiempo para echar a correr. Cyrus solía agarrarme por el brazo y golpearme, hasta que mamá me arrancaba de sus garras. Si retorciéndome me escapaba, tendría luego que enfrentarme con él de nuevo; y llegué a conocer que el pago retrasado era más severo que el inmediato. También aprendí a relajarme y dejar que sus grandes puños me golpearan a voluntad. De no poder correr para que no me advirtiera en un principio, no podía hacerlo en absoluto.

A medida que el alcoholismo de Cyrus le infundía un odio cada vez mayor por mí, aparecieron algunas pautas. Al acercarse la hora de cenar, él volvía a casa del trabajo por el mismo camino donde se hallaba el bar.

Yo establecía lugares de escondite —una valla, un matorral, o mi árbol favorito, al otro lado de mi solitaria ventana— donde podía ocultarme y aguardar su llegada. Temblaba mientras miraba afuera con ojos de miope, y medía lo ebrio que estaba Cyrus por su modo de andar. Cada noche, tenía que decidir si debía o no escabullirme a la casa por mis gastados atajos antes que él entrara. Si estaba allí cuando él llegara —de encontrarse Cyrus en tal estado de ánimo—, podría ser ferozmente apaleado. Observándole secretamente volver a casa, yo trataba de determinar lo infeliz que se sentía —o la seriedad del caso— , y qué probabilidades había de que se dirigiera directamente al cuarto de baño o al dormitorio una vez en la vivienda. Su manera de beber le creaba terribles problemas digestivos, lo que hacía que a veces tuviera que pasar por alto el pegarme.

También algunas noches estaba simplemente gruñón, exigía que le sirvieran la cena de inmediato, golpeaba con su taza sobre la mesa para que se la llenaran otra vez de té, y miraba a su alrededor ceñudamente al tiempo que decía: "¿Dónde. . . está el periódico que he traído a casa?"

Pero, por lo general, si se encontraba lo suficientemente incómodo como para estar rabioso, yo podía tener la seguridad de que me pegaría. A veces, decidía quedarme fuera; esperando que pasaría por alto mi ausencia y perdería el conocimiento por toda la noche. Encontraba lugares donde dormir por el vecindario: bajo un barandal, debajo de un portal, en un matorral, o simplemente en el suelo frío del césped de algún vecino o de un solar vacío. En muchas ocasiones, un vecino preocupado me despertaba y me hacía entrar, con mis dientes castañeteando y mi carne temblando de frío —los vecinos sabían muy bien, que era el miedo que le tenía al enloquecido Cyrus Wick lo que me había hecho que me quedara fuera.

Nunca me sentaba a cenar a la mesa con el resto de la familia, salvo en aquellas raras ocasiones en las cuales Cyrus no estaba en casa. "Dejen que ese bastardo se muera de hambre" —resoplaba cuando uno de mis hermanos hacía mención de mí mientras yo escuchaba desde el respiradero del descansillo en el piso de arriba. Si podían, uno de ellos me deslizaba luego algunas sobras de comida —como a escondidas los traviesos adolescentes alimentan al perro de la familia. Otras veces no les era posible hacerlo.

Cada tarde, cuando se acercaba la hora de la cena, el trauma comenzaba de nuevo: podía esperar fuera, a la intemperie y a los terrores de esconderme —en la esperanza de que alguien lograra sacarme a hurtadillas algo de comida—; o entrar, al calor físico y a la helada tundra emocional, y afrontar mis probabilidades con Cyrus.

Si yo estaba en el dormitorio al entrar él, la terrible cuenta regresiva comenzaba cuando le oía abajo abrirse camino al empujar la puerta delantera. Me quedaba en pie en la oscuridad, al haber aprendido que el verme disfrutar de una habitación normalmente iluminada por una lámpara, le enfurecía. Sólo una vez traté de esconderme debajo de las mantas. Mientras yo estaba aterrado en un rincón de la cama, y el terror eléctrico recorría mi delgado esqueleto, Cyrus subió las escaleras tambaleándose y entró en el cuarto oscurecido. Estaba demasiado oscuro para ver nada, pero no encendió la luz. En vez de ello, empezó a perseguir, a buscar, y a maldecir en la oscuridad; tentaba furiosamente a lo largo de las paredes, debajo de la cama y alrededor de los bordes de ésta.

—Te encontraré —decía una y otra vez entre sus rechinantes dientes—. Y cuando te encuentre, te mataré.

Mi mente generaba desesperadamente. Si guardaba silencio, y permanecía escondido, a la larga me encontraría; y yo sabía que entonces me pegaría más fuerte y durante más tiempo, por haber tenido que descubrirme. Pero no dejaba salir ningún grito: no era capaz de invitarle al horrible abuso.

De repente sentí que sus calientes dedos entraban en contacto con mi tobillo.

—Ya te tengo, negro —gruñó como un animal. Y de un solo movimiento brusco me sacó de la cama. Al instante, pude ver su silueta en la ventana, contra la luz de la luna, con su puño levantado por encima de la cabeza. Luego cerré los ojos y esperé que comenzaran los golpes.

Cada impacto me machacaba la cara o los brazos, hasta que sentí que me desvanecía. Las imágenes y los pensamientos empezaron a mezclarse unos con otros mientras luchaba por mantenerme consciente. Podía oír la voz de mi hermano Marcos, al tiempo que se agarraba a la pernera del pantalón de Cyrus, y le rogaba que se detuviera. Pero éste me golpeó una, otra y otra vez. Luego, de una patada me tiró al suelo, y comenzó de nuevo a darme puñetazos. Pude sentir el frío suelo de madera debajo de mí, y a continuación el marco glacial de acero de la cama contra mi cara. Cyrus se irguió hacia atrás, y descargó un fuerte golpe final en la parte posterior de mi cabeza, con lo cual me desvanecí.

Volví en sí sintiendo un doloroso palpitar por todo

el cuerpo; comenzando por la cara, después que mi cráneo fue lanzado contra el marco de la cama. Mi hermanito Marcos abrigaba en sus brazos mi temblorosa cabeza, y miraba hacia abajo, mi rostro magullado y lleno de bultos.

—Maury —dijo suavemente—, ¿estás bien?

Yo masCullé algo a través de mis labios hinchados.

—Maury —expresó Marcos con voz aterrada y jadeante—. Pensé que estabas muerto.

El instinto de revancha de Cyrus fomentaba su alcoholismo, y el beber intensificaba su sed de venganza. Se decía que había sufrido una terrible herida en la Primera Guerra Mundial —una bala que penetró por la esquina de la cuenca de su ojo, atravesó la cabeza y salió por detrás de su oreja— pero no había ninguna cicatriz evidente. Algunos contaban que se fue a la guerra y volvió de ésta transformado en una persona diferente —retorcido de alguna manera por las innumerables matanzas que presenció agachado en las trincheras mientras gateaba para sobrevivir. Y ahora, yo parecía ser el blanco de su ira irracional. Nunca podía sentirse satisfecho con las lesiones que me causaba, y sólo paraba de golpearme en el mismísimo último momento —cuando no le era posible estar seguro de que aún viviría. Luego, por último, me derribaba al suelo y se iba pesadamente; profería aún maldiciones cuando me advertía: "Te mataría si pudiera, negro bastardo".

Pero yo era únicamente la víctima simbólica del odio de Cyrus. De quien éste buscaba realmente vengarse era de mi madre, Alicia. Yo era el hijo que ella había amado, la descendencia del hombre a quien había querido —del hombre hacia el cual había huido, y al que se había asido, en lugar de Cyrus, aquel apasionado verano hacía ya tantos años. Al principio, cuando Cyrus comenzó a pegarme, ella se sentía horrorizada y siempre corría en mi defensa; me apartaba de él y hacía callar a gritos al viejo. Pero a medida que los años pasaban tediosamente, sus defensas se debilitaron. Cyrus la agotó con su tenacidad, cargándola de insultos personales, llamándola cosas terribles. Ella se cansó e insensibilizó, hasta que la desesperanza se filtró en su ser.

La vida nunca se había aligerado para Alicia. Los niños de los cuales quería que Cyrus cuidara, eran también víctimas de sus propios caminos. Rosa, Javier y Francisco conocían al hombre como el tío Cy, aunque a sus espaldas todos le llamaban "el viejo", y se mantenían a distancia de él, indiferentes a sus iras y en general despreciándole.

Los tiempos eran difíciles para todos nosotros. Los chicos dormíamos juntos en una cama —sólo Javier tenía la suya propia por ser el mayor. Pronto se añadieron más hermanos a la familia: el pequeño Cyrus y Hal; y tuvimos que ponernos atravesados en la cama para caber todos. A veces, mis hermanos me escondían debajo de sus cuerpos cuando Cyrus andaba rabioso tarde por la noche; y en ciertas ocasiones aquello funcionaba.

El cuarto de las chicas, al otro lado del rellano, era sólo un poco mejor que el nuestro.

Pocas veces nos bañábamos, ya que no había bañera en la casa; y el cambio de calcetines y de ropa interior era algo desconocido.

En lugar de baños, teníamos "el extremo". Nuestra casa se alzaba sobre un saliente que había al lado del río, el cual estaba sostenido por un muro de cemento que se extendía en ambas direcciones desde la vivienda. En un extremo del mismo, el agua había comido el material y corroído la debilitada estructura, la cual se desplomó en enormes trozos de cemento que ahora se erguían en el río como tercos soldados que se niegan a abandonar la lucha. A menudo jugábamos entre las piedras en "el extremo" —lo más cerca que llegábamos de un baño normal—, muy pocas veces nos acordábamos de quitarnos los zapatos y calcetines para mantenerlos secos. Al no tener mudas disponibles, simplemente lanzábamos las prendas mojadas al rincón cuando nos íbamos a acostar, y nos las volvíamos a poner por la mañana —húmedas y con hedor a moho después de una noche fría, o hediondas y tiesas tras una noche de calor. Durante el tiempo caluroso, mis pies estaban doloridos semanas enteras al infligirles yo inadvertidamente el constante castigo de "el extremo".

Cada niño era responsable de lavar sus propias prendas de vestir, lo cual pocas veces se hacía: y cuando bastantes alumnos me habían vejado y otros tantos profesores habían mandado notas a mi madre en las que le rogaban que me lavara la ropa, sacaba yo a veces unas pocas pertenencias y me dirigía al río, donde los niños del pueblo acostumbraban bañarse. Con la cara sonrojada de vergüenza, restregaba mis ropas entre las burlas de otros chiquillos que jugaban en el agua.

Nosotros éramos los niños con los cuales las madres aconsejaban a sus hijos no jugar; la familia que el resto del vecindario desearía que no estuviera allí.

Y me miraban, porque sabían que de alguna manera me las había arreglado para ser escogido por el viejo como blanco de su continua ira. Cierto día, aquél marchó a casa lívido de ira, eructando su licor y derramando obscenidades con cada soplo de respiración. Bajó con paso vacilante los peldaños de cemento que había detrás de la vivienda, siguió hasta el sótano gruñendo maldiciones, y agarró su hacha por el mango.

—¡Dónde está! —gritó bufando y resoplando mientras salía de nuevo de la cueva— ¡Voy a matar a ese negro bastardo! ¡Dónde está!

Yo le había visto venir por la calle, había sentido su extrema furia, y ahora estaba escondido fuera, detrás de una cerca, y podía contemplarle mientras salía y se

abría paso a codazos por la puerta trasera, mientras
empuñaba el mango del hacha y miraba salvajemente
de un lado a otro.

—¡Ven aquí, negro bastardo! —rugía mientras se
dirigía hacia mí.

Sentí que un sobresalto de terror me traspasaba, y
por un breve momento le observé inmóvil venir tambaleándose en mi dirección, con la hoja del hacha que
brillaba ominosamente. Luego, de repente, al comprender que podía cortarme en pedazos, salí disparado de
mi escondite y huí calle abajo. El siguió rugiendo airadamente mientras más me alejaba de la terrible ame-
naza; hasta que por último reboté dentro del jardín de
alguien, sin aliento, aterrorizado y temblando, y sollo-
zando de miedo. La vecina asomó la cabeza por la puerta
trasera, su rostro torvo y tenso.

—¡Maury! —siseó la mujer— ¡Entra!

La señora me escondió toda aquella noche; y el viejo
abandonó la cacería humana airadamente y entró de
nuevo en su casa, vomitando allí con estrépito y per-
diendo luego el conocimiento.

Yo nunca supe la historia; no sabía por qué me había
escogido, ni la razón por la cual concentraba en mí su
odio. Sólo conocía aquel odio, y el sentimiento de no ser
querido.

En los niños hay un anhelo instintivo de amor, que
trata de alcanzar seguridad; y cuando ese impulso no
se conecta, retrocede en su interior como las aguas de
una alcantarilla obstruida. Día tras día, semana tras
semana, mes tras mes, yo sentía la locura de no ser
querido y trataba de comprenderla a ciegas; de descubrir por qué aquel cazador me acosaba. Pero estaba demasiado aterrorizado, demasiado temeroso en cuanto a
mi misma vida para preguntarle a nadie. Unicamente
podía interrogarme a mí mismo, miserablemente, en
mi soledad; y la angustia aumentaba sin encontrar ali-

vio. Era una rata atrapada, y no podía escapar de la sulfurante venganza del viejo Cyrus Wick.

Cuando mamá estaba fuera, en casa de alguna hermana, de su madre, o visitaba a una vecina, yo me angustiaba por mi seguridad. Y sin embargo, a la larga, comprendí que Cyrus nunca me hacía daño si ella no estaba cerca para sufrir por ello. Me llevó años el entender plenamente la repulsiva dinámica de su relación; pero Cyrus no necesitaba atacarme ferozmente a menos que aquello pudiera servir a su enfermizo y retorcido propósito: el dar a Alicia una lección de vil tormento para toda la vida. Cuando ella se encontraba lo suficientemente cerca para oír, rara vez dejaba de maltratarme, y de señalar de nuevo verbalmente aquel gran crimen que mi madre había cometido contra él —el de rechazarle para asociarse con el misterioso Maury Blair.

El hombre la insultaba en todos los tonos. Cuando en el piso de abajo a los otros niños se les daba helado, mamá intentaba conseguir una porción para mí, que me encontraba boca abajo y encima del respiradero en el descansillo de la escalera.

—Ah—empezaba, para ir preparando el camino—, vamos a subirle un poco a Maury.

Pero Cyrus no podía resistir la carnada.

—¡A Maury! ¿Darle algo de helado a ese negro bastardo? —gruñía, mientras arrastraba su silla lejos de la mesa de la cocina y se levantaba como un oso gris que ha despertado de su sueño y no está contento con ello— ¿Dónde demonios está?

Y se dirigía escaleras arriba, mientras profería las maldiciones siempre y juraba matarme. Yo brincaba y dejaba el sitio que había ocupado en el suelo y me escurría hasta la ventana del extremo del dormitorio, en espera del juicio. Pero mamá perseguía a Cyrus, tiraba de él y lo ridiculizaba lo mejor que podía para apartar su atención del blanco. Refunfuñando y todavía disgustado, el hombre se detenía de mala gana en el rellano, soltaba con ira su brazo de ella, por último murmuraba algunas obscenidades antes de entrar pesadamente en su dormitorio y desplomarse en una cama desarreglada.

Pero eso era todo lo que mi madre podía hacer. Sólo en ciertas ocasiones le resultaba posible detener la mano de Cyrus. Aquel muro de venganza nunca se podría escalar por medios humanos. La pervertida ira de Cyrus había arraigado demasiado y era en extremo incontrolable e irracional. Mamá no podía nunca organizar una fiesta de cumpleaños para el hijo de Maury Blair, ni jamás expresar abiertamente ningún afecto hacia mí — por miedo a provocar un holocausto aún mayor.

Sólo había un arma capaz de traspasar los peores momentos, y parar temporalmente la furia: el nombre de Jesús, que no había sido utilizado de otra forma excepto en blasfemia. Al final de cierto día lluvioso de primavera, Cyrus subió fogoso y malhumorado las escaleras, dejó de hacer el giro en el descansillo, y avanzó pesadamente para sacarme por la fuerza de mi último refugio. Me asestó golpe tras golpe, hasta que se cansó. Luego me levantó con sus monstruosas manos sacándome con fuerza por la ventana del dormitorio.

Así agarrado me mantuvo colgado sobre el río crecido a causa de la lluvia que corría a lo largo del saliente detrás de nuestra casa. Yo grité aterrorizado por lo que pasaría si caía, y por el agua; pero tuve miedo de dar patadas o de tratar de soltarme. Los terribles dedos de Cyrus Wick, semejantes a tenazas, representaban mi única esperanza de sobrevivir.

Mamá oyó los gritos y subió las escaleras. Se quedó en pie sólo por un momento en el umbral de la puerta, incrédula de lo que veía, y luego marchó hacia Cyrus con una fiera determinación maternal. Le agarró con sus dedos por el cogote, y dijo: —En el nombre de Jesús, mete a ese niño dentro y déjale en el suelo.

Sus palabras fueron como proyectiles, claras y precisas. Cyrus se quedó helado; y yo podía sentir la arritmia de mi corazón, en tanto esperaba algún movimiento —de cualquier tipo que fuera—; algo que me diera a entender si me iba a arrojar al agua como un pedazo de basura o si obedecería aquella orden autoritaria y desacostumbrada de mi madre.

Después de una interminable fracción de tiempo, me volvió a meter por encima del apoyo de la ventana y me dejó caer luego al suelo. No se atrevió a mirar a mamá, sino que en lugar de ello murmuró una palabra obscena y marchó encolerizado. Mamá esperó a que él saliera de la habitación, y luego se volvió hacia mí. Yo me estaba levantando, tembloroso en gran manera y deseando que ella me cogiera en sus brazos y me convenciera de que aquello no volvería a suceder más; de que, de allí en adelante, me protegería del viejo.

Anhelaba tanto que alguien me amara. . . Pero ella sólo me dio unas palmaditas en el hombro, mirándome con sus grandes y hundidos ojos de gama que descubrían su tristeza pero no me consolaban.

Y una vez más sonó aquella pregunta que parecía tan terriblemente absurda: "Maury, ¿estás bien?"

Apenas esperó para recibir una respuesta. No podía permitírselo: si se demoraba conmigo el oso gris volvería; ella y yo lo sabíamos. Para el niño no habría la ternura de un abrazo ni la ocasión feliz de cualquier muestra de afecto. Ella misma estaba sufriendo el infierno, y había sido domesticada para evitar al negro bastardo.

Hasta que un día de primavera me dijo que me fuera.

CAPITULO CINCO
Fragmentos

*Hacemos la guerra para poder
vivir en paz.*

—Aristóteles, hacia el 375 A.C.

Por el pueblo corría la palabra de que se había escapado un preso de una de las prisiones cercanas, y algunos insistían en que estaba oculto en algún lugar de París. Era la comidilla de la semana, y las amas de casa se reunían al té de la tarde mientras sus esposos se daban una vuelta por los bares del lugar para discutir las noticias más excitantes que se habían producido desde hacía meses. Y cualquier pequeño ruido en la noche sencillamente tenía que ser el presidiario.

Yo me encontraba acostado pero despierto entre mis hermanos, procuraba acomodarme e intentaba dormir —aunque sólo fuera por no tener otra cosa que hacer conmigo mismo. De repente oí un golpe afuera, y todos dimos un salto en la cama. Podía escuchar a mi madre que hablaba con el viejo: ella había oído un ruido en el patio trasero. De repente, la terrible verdad pasó como un relámpago por todas nuestras mentes: ¡el presidiario estaba en nuestra propiedad!

Por parte de Cyrus hubo poca vacilación. Era demasiado malicioso para quedarse en la cama y esperar que alguien entrara a hurtadillas y le atacara; así que salió disparado de la cama y avanzó escaleras abajo.

Tan pronto como estuvo fuera del alcance del oído, todos saltamos de nuestra desvencijada cama y nos apiñamos alrededor de la ventana. Yo apreté la cara contra el polvoriento cristal para tener la mejor vista posible de la acción. Desde nuestra posición en el piso de arriba, podíamos ver abajo la negra figura del viejo que salía al ataque desde la casa —con sus puños cerrados y listo para machacar a su víctima hasta reducirla a pulpa.

Yo pensaba en el pobre fugitivo, y lo sentía por él. Me lo imaginaba —si el viejo llegaba a cogerle— despavorido y aterrado, con cardenales, magulladuras y heridas por todo su cuerpo. Con los ojos de mi mente, le vi correr a toda prisa hacia el centro de detención, golpear con violencia la puerta principal, y suplicar histéricamente al carcelero que le dejara entrar otra vez, al tiempo que prometía que nunca más volvería a escaparse después de haberse encontrado con aquel monstruo en París.

Más tarde descubrimos que el preso había sido capturado a muchos kilómetros de allí, y que nunca fue a París.

Pero a diferencia del imaginario recluso, yo no tenía ninguna prisión que escoger. Para mí no había escapatoria. Suspendido en el aire entre el no ser querido y la privación, no tenía más elección que el viejo tempestuoso y lleno de odio. No había opciones —ninguna otra fuente de la cual recibir la cena sino aquella que se me daba esporádicamente; ni de abrigo, que no fuera la casa en la que a veces podía dormir. En los inviernos, cuando me encontraba fuera en lugar de adentro en una fría noche de viento, me apoyaba en aquella casa y dejaba que las lágrimas se helaran en mi cara manchada. No tenía pruebas de mi propia maldad sino por la constante acusación de las vulgares amenazas del viejo. Yo no sabía por qué era tan despreciable; y en mi desvalido estado de niño perplejo y ansioso, clamaba a la vaga imagen de Aquél el cual esperaba desesperadamente que me oyera algún día: Dios.

La iglesia pentecostal de la localidad nos había dado la bienvenida a sus reuniones de cadetes —no obstante nuestra pobre apariencia y el mal olor que despedíamos a nuestro paso. Esta congregación se encontraba sólo a un corto trayecto desde casa —al doblar mismo de la esquina cuando se subía por la calle—; y quizás por encontrarse en el mismo desafortunado vecindario que nosotros, nos recibían con agrado los viernes por la noche. Aquello era una casa de locos, con juegos de todas clases para consumir la energía de las docenas de niños de la calle que se juntaban, y luego historias bíblicas y coros. Los líderes, todos sin nombre para mí y aparentemente idénticos en su impecable pulcritud, eran bondadosos y pacientes —sabiendo, siempre pensaba yo, lo que sucedía allá en la casa de la familia Wick.

También les oía hablar acerca de Dios, y no tenía ninguna razón para creer que lo que decían fuera una mentira. Yo nunca le vi a él, ni escuché realmente explicación alguna de aquel fenómeno, así que jamás consideré la posibilidad de conocerle, ni pensé en establecer una relación personal con él. Pero aquellas personas le hablaban, y decían que él podía ayudar a la gente cuando ésta tenía problemas —así se estableció por lo tanto mi rudimentaria vida de oración. Apoyado en el muro sur de la casa para evitar lo peor del viento invernal, y mientras con el roce de mi raída camisa quitaba la pintura descascarillada, lloré y clamé a Dios. No obstante me sentía abrumado y desesperanzado.

Mamá tenía momentos de preocupación auténtica por nuestra salvación, pero "Aimé", la valiente y atrevida evangelista de años pasados, se había desvanecido y dado paso a una mujer confusa y temerosa. De vez en cuando, nos llevaba en grupo a la escuela dominical de la iglesia pentecostal a la cual preferíamos asistir descalzos antes que ponernos los zapatos rotos que teníamos. No obstante, en el mejor de los casos, nuestra presencia era esporádica. A veces, mi madre nos reunía a su alrededor y nos contaba historias bíblicas, pero sin que hubiera ningún evangelismo bien definido. Ella era una narradora magistral, que cautivaba nuestra atención con sus grandes ojos y su expresiva voz. En aquellos momentos mágicos nos sentíamos transportados a otro mundo, a otra vida, y éramos presentados a los personajes extraños y misteriosos del pasado. De un modo irónico, a mí me fascinaba extraordinariamente la historia de las dos mujeres que pidieron al rey Salomón que arreglara la disputa que tenían entre ellas sobre quién había dado a luz al bebé que quedaba con vida. Aparentando ser equitativo, el sabio monarca ordenó que se dividiera al niño en dos y que ambas mujeres lo compartieran por igual. Pero la verdadera madre, en su amor —y según el buen juicio de Salomón— prefirió renunciar a la criatura antes que verla destruida sin sentido.

Aunque yo no tenía forma de saberlo entonces, mi madre había hecho la decisión contraria. Al ser incapaz de desprenderse de su niño, había escogido en lugar de ello —por omisión— mi virtual destrucción. Yo era el niño en disputa, al que se estaba dividiendo en dos —y Cyrus era la espada. Allí que no había ningún sabio Salomón para hacer la mejor decisión —ni, de hecho, ninguna otra.

Las esporádicas sesiones narrativas de mamá no producían ningún cambio, ni hacían surgir ninguna esperanza para la fragmentada familia. Aun cuando adquirí mi primer Nuevo Testamento —cuando los Gedeones vinieron al colegio para su presentación acostumbrada—, el acontecimiento estuvo más marcado por la humillación que por la esperanza.

Los Gedeones habían grabado cuidadosamente el nombre de cada alumno en su Testamento de bolsillo individual. A medida que el representante de la organización iba voceando los nombres, mis compañeros fueron pasando al frente uno por uno para reclamar sus premios. Yo sentí mi corazón latir un poco más de prisa cuando terminaron con la A y comenzaron con la B; y luego oí el terrible error:

—¿Mary Blair? —llamó el hombre.

Yo me quedé horrorizado; y la clase se desternilló de risa y empezó a silbar.

—Es Maury Blair —le corregí débilmente con la cara roja de vergüenza.

El resto de los chicos volvió a casa con sus Testamentos al final del día escolar, y yo con las manos vacías para enfrentarme al infierno que el viejo traería consigo una vez más. Unos días más tarde, después de las clases se me entregó privadamente mi Nuevo Testamento corregido.

Yo pocas veces lo leía, pues tampoco podía comprender el idioma arcaico de la versión *King James* cuando lo hacía. No sería sino hasta años después cuando su impacto habría de sentirse en mi vida.

Había gente preocupada y que oraba por mí —pero yo nunca lo supe. Los líderes de los Cadetes del Evangelio, sospechando algo del remolino existente en nuestro hogar, oraban por todos nosotros. La gente que pasaba en su automóvil por delante de nuestra casa o que nos veía hacer paradas en un lugar y en otro con nuestra madre, oraron por nosotros durante años —pero pocas veces nos socorrieron materialmente. Al otro lado del río, desde nuestra casa, había una fábrica de tejidos, cuyos obreros nos observaban en sus ratos de descanso mientras retozábamos en nuestro empinado patio, montábamos en la frágil valla que teníamos en el extremo de nuestro pequeño jardín —con el riesgo continuo de caernos al río por el saliente, o nos deslizábamos saliente abajo sobre trozos de cartón. Algunos nos vieron literalmente crecer a la orilla del río, y se preguntaban cómo sobrevivíamos.

En momentos de solaz —durante los largos días de verano cuando no había clases y Cyrus estaba enclaustrado con seguridad en casa de alguien dedicado a su negocio de yesero— el miedo rígido explotaba, se liberaba y adoptaba la forma de juego salvaje. Jugábamos frenéticamente al "hockey" con una pelota de tenis; nuestra propiedad se convertía en el cuadrilátero de boxeo en el patio frontal o en el campo de béisbol del vecindario; traíamos montones de hojas secas de los jardines de los vecinos y los echábamos en el nuestro para jugar. . . El viejo siempre maldiciendo, volvía a casa y humeante decía: "No tenemos árboles en nuestra propiedad, y mira qué desorden".

Mis hermanos y yo sobresalíamos en travesuras en el vecindario, y nuestra vecina de la casa de al lado —la célebre señora Dudley— se convirtió en nuestro blanco favorito. Contra sus deseos, subíamos a los árboles de su propiedad, le rompíamos las ventanas con el juego de béisbol, y generalmente la manteníamos exasperada. Más allá de la casa de la señora Dudley, estaba la residencia de los Michaels —también uno de nuestros terrenos de juego preferidos—, donde por lo común nuestras travesuras se encontraban con el mal talante de la señora Michaels que salía a su portal frontal a reprender nuestro comportamiento. Cruzando la calle vivían los Hartman, cuya hija Donna nos inspiraba a tirar piedras y otras travesuras; y más abajo vivía una anciana abuela, que se sentaba en su terraza y se olvidaba resueltamente de nosotros mientras los proyectiles de piedra rebotaban en su contorno. A ésta la llamábamos la gallina vieja; y años más tarde supe, por un pariente suyo, que había orado por mí ferviente y fielmente a pesar de nuestro acosamiento. Por otra parte, el saliente sobre la orilla del río constituía un muro de castillo perfecto cuando alguien se sentaba para pescar un poco —desde allí les lanzábamos una lluvia de piedras. Por lo menos una madre de nuestra calle advertía a sus hijos: "Si les sorprendo hablando con cualquiera de esos Wick, les daré una buena tunda".

Sin embargo había peligros en nuestro reino salvaje. En cierta ocasión localicé a un grupo de fornidos obreros que construían un mirador, y descubrí luego una posición elevada sobre ellos, desde la cual podía arrojar piedras para que rebotaran en sus cascos. Uno de los hombres, irritado, clavó su pala en un montón de tierra suelta y me la lanzó. En el mismo momento, los guantes se le zafaron de sus sudorosas manos y junto con la tierra vino la pala contra mí. No tuve tiempo para esquivar la hoja, que me golpeó violentamente la frente abriéndome la carne. Caí de mi sitio elevado, e instintivamente me fui gateando, la sangre chorreante por la cara. Llegué sin aliento a la puerta de mi casa, y entonces me di cuenta del lío en que podía meterme si sangraba dentro. Me podía imaginar a Cyrus que me agarraba y aporreaba, mientras amenazaba maldiciente, si manchaba el suelo de sangre. Mareado y desesperado, llamé a la puerta y luego retrocedí hacia el saliente, arrodillándome mientras sostenía mi herida sangrante bien afuera del borde.

Mi madre vino a la puerta y se alarmó. Luego me condujo a la pila de la cocina y comenzó a lavar la sangre, sólo para descubrir que ésta seguía manando.

—Oh, Cy —llamó nerviosamente a la otra habitación—, no puedo hacer que la sangre deje de brotar.

Cyrus respondió despectivamente: —¡Bah! Déjale que se desangre.

Mamá me envolvió la cabeza en una toalla, y me

llevó a toda prisa a un médico que me cosió los puntos necesarios.

Cuando mamá no estaba en casa, era por lo general que había ido a visitar a sus hermanas de Flint; e invariablemente llevaba consigo a mis hermanos Marcos y Cyrus —pero me dejaba en casa aterrorizado. Se trataba del peor rechazo de todos —pero Marcos y Cyrus eran más pequeños, y ella no confiaba en que el viejo los cuidara. Yo pasaba horas sentado en mi habitación, mientras miraba anhelosamente más allá de mi árbol favorito, hacia el puente del tren que cruzaba el río —el último lugar donde podía ver partir en el vehículo a mi madre y a mis hermanos. Dentro de mí el vacío me consumía.

Sin embargo, durante las ausencias de mamá nunca dejaba de tener lugar la extraña metamorfosis; y Cyrus jamás me pegaba cuando ella estaba fuera. ¿Para qué desperdiciar energía si todo el propósito consistía en hacer daño a Alicia?

No obstante, el abuso era tan cruel como siempre. Cuando mamá dejó dinero a Rosa, mi hermana mayor, para que nos llevara al circo cuando éste llegara al pueblo, Cyrus intervino diciendo:

—No vas a llevar a ninguna parte a ese negro bastardo.

—Sí, tío Cy —contestó Rosa poniendo mala cara—; mamá me dejó suficiente dinero para que él vaya.

Cyrus se ponía cada vez más furioso al ver que Rosa se mantenía firme. Yo, tenso y lleno de esperanza, escuchaba desde mi sitio —cerca del respiradero en el piso superior— el drama que se estaba desarrollando; hasta que por fin Cyrus se cansó de discutir y asintió airado.

—Muy bien —gruñó—, llévalo . . . y tíralo del puente en el camino de vuelta.

Hubo algunos intentos desesperados y fútiles de mi

parte de parecer un hombre. Allá abajo, en "el extremo", las enredaderas estaban ocultas durante la primavera; pero en el verano, cuando el río se hacía menos profundo, las delgadas y talludas malezas quedaban expuestas al candente sol. Me di cuenta que podía romper un tallo seco, encender uno de sus extremos y hacer que brillara como un cigarrillo mientras yo chupaba por la otra punta. Pero la viril experiencia cobró su tributo, ya que después de fumar el tallo pasé vomitando todo el día siguiente.

Para cuando estaba en quinto grado, me había graduado en robar cigarrillos —los cuales escondía cuidadosamente de mi madre y de Rosa, mi hermana mayor. Luego, cierto día, cuando me desgarré el abrigo y le pedí a Rosa que me lo remendara, ésta percibió el olor delator.

—Me huele a humo de cigarrillos —dijo frunciendo el entrecejo mientras cosía.

—¿De veras? —contesté con la más aparente despreocupación que pude.

—Maury, ¿has estado fumando? —me interrogó desconfiadamente.

Hice creer que estaba estupefacto ante la sola sugerencia de aquello: —¿Quién, yo? ¡Vamos! ¡Desde luego que no!

De vez en cuando había algún triunfo. Descubrí por ejemplo que podía jugar bien al béisbol, y llegué a ser capitán de uno de los equipos de la escuela. Dimos el nombre de *Los Indios* al equipo y mi hermano Francisco hizo bandas de cartón de vivos colores para ponernos en los brazos las cuales lo declaraban.

Pero el béisbol callejero era demasiado humilde, demasiado común como para inspirar actos de heroísmo de manera continua. Con toda la emoción que suponía el jugar bien y el ganar, mi perspectiva a ras de tierra de la vida no dejaba que me sintiera completamente bien en cuanto a ello, y sólo una vez me elevó el deporte hasta las cimas del inefable sentimiento de autorealización. Las bases estaban llenas con dos "outs" y cuando salí a batear, algo mágicamente se apoderó de mí. Dejé pasar zumbando, deliberadamente, los dos primeros lanzamientos, y luego, con un gesto temerario completamente ajeno a mi carácter de perro apaleado, apunté atrevidamente hacia el centro distante del campo, al estilo Babe Ruth.

Los chicos de los dos equipos se reían de mí y me abucheaban, pero yo estaba resuelto. Vino el lanzamiento, y poniendo mi alma en el bateo conseguí que la pelota saliera disparada como un bólido por encima de la verja del jardín central.

Por un momento el asombro impuso el silencio. Luego mis compañeros de equipo, histéricos por lo que veían, vitoreaban y aplaudían jubilosos. Fue tal su sorpresa que de gozo no lo podían creer. Así, mientras yo trotaba en torno a las bases y tras mis tres compañeros, sentí la emoción de la total victoria obtenida sin ayuda; no obstante, era una exaltación tan poco común, que casi no supe qué hacer con ella. Además siempre tendría sobre mí al viejo Cyrus y él sabría cómo hacer descender mi moral a los niveles ordinarios de mi existencia tan pronto llegara a casa.

Si el béisbol proporcionaba algún amortiguador de choque emocional a mi vida, la escuela lo demolía. En casa no tenía nada que me diera un sentimiento de seguridad, y el pensar en ir al colegio me aterrorizó desde el principio. No podía imaginarme un lugar de alegría, libertad y donde no existiera el temor que yo acordara. Me aproximé al primer grado con sumo terror y náusea, la mente saturada de imágenes sombrías; un enorme edificio de ladrillo, con la reproducción exacta de un Cyrus gruñón y cascarrabioso cerca de la pizarra en cada aula.

Sin embargo, una vez realizado el ajuste inicial, descubrí que el aula podía ser una fuente de más atención que la que había recibido en mi corta y desdichada vida: y pronto me di cuenta de que los niños que estaban a mi alrededor soltaban risitas y me mostraban su aprobación cuando deliberadamente hacía mal el trabajo de la escuela. La maestra comprendió mi treta y con la correa corrigió mi falta, con lo cual dejaron de gustarme las risas y me volví taciturno y solitario —ya que era incapaz de hacerme amigos de ninguna otra forma.

Cierto día, cuando en los grados superiores no había clase debido a las conferencias de profesores, cabizbajo me dirigí a la escuela. Francisco y Javier, mis hermanos mayores, me pasaron montados en la parte trasera de una camioneta, después de detener un vehículo para conseguir un viaje gratis sólo con objeto de divertirse, y yo sentí ganas de llorar en mi soledad.

Aquella soledad emponzoñaba mi interior de hostilidad. En una ocasión, dos compañeros y yo habíamos sido echados de la clase y estábamos determinados a ganarnos la aceptación de los otros por entrar a hurtadillas en el aula para dar susto a la anciana maestra. Mientras avanzábamos a gatas por el pasillo, ella de repente levantó la vista y dio un salto asustada. Nosotros estallamos de risa. Entonces, la mujer me agarró por el brazo sacudiéndome con violencia, y al instante le di una fuerte patada.

—Quíteme sus asquerosas manos de encima —proferí, escapándome y corriendo a toda velocidad escaleras abajo.

Cuando bajaba a toda prisa los escalones, me encontré frente a frente con el director, quien me amedrentó con su mirada a causa de mi violación del límite de velocidad. Me di la vuelta para subir las escaleras y descubrí que la furiosa maestra, mirándome desde arriba, me cortaba el paso. Sobrecogido de terror, me

agarré fuertemente el vientre, y grité: —¡Me siento mal!
—mientras huía por el lado del director y salía del edificio.

Al llegar a casa, mi madre, como es debido, me hizo volver al colegio. Pronto estuve de nuevo con timidez ante la maestra, esperando ser azotado severamente. Pero por suerte no se me aplicó el castigo.

—Maury —expuso la mujer sosegadamente—, te podría dar azotes por esto; pero eso no ayudaría. Además sé que lo estás pasando mal en casa.

Fue una manera embarazosa de dejarme escapar, casi peor que si me hubiera azotado con la correa, porque me hacía comprender que ella sabía acerca de la abrumadora humillación y de la tortura mental de la que era objeto. El pensar que la gente del pueblo entreveía la terrible verdad de que yo era una rata atrapada en mi propia casa, me hizo tadavía más huraño y retraído.

Pero se trataba de algo evidente. Aquella terrible verdad siempre tenía alguna manera de asomar. En cierta ocasión corría bajando unas escaleras en el edificio de la escuela y tropecé, cayendo de cabeza contra una pared de ladrillo. Quedé inconsciente a causa del golpe, y al salir de la neblina y ver a los profesores y estudiantes apiñados a mi alrededor, me cubrí instintivamente la cara con los brazos mientras pataleaba y luchaba por escapar. "¿Qué te pasa, Maury?" —me preguntaron mientras trataban de calmarme. De repente comprendí que Cyrus no me estaba pegando, y no tuve ninguna respuesta para sus perplejas preguntas.

El escape era un desafío constante, e hice docenas de esfuerzos triviales y sin relación entre sí en este sentido. Encontraba arandelas en la cuneta y me las ponía como si fueran anillos preciosos; las canicas recuperadas de alcantarillas se convertían en posesiones estimadas. . . Yo admiraba a un chico que se llamaba Tomás, el cual vivía calle abajo —el hijo de la "gallina vieja", uno de nuestros blancos preferidos en el vecindario a la hora de tirar piedras. A Tomás le gustaban las flores silvestres, y yo perseguí ambiciosamente el mismo interés para el verano. Encontré una porción de tierra adecuada al otro lado de la valla, sobre el saliente que había detrás de la casa —donde era menos probable que Cyrus mirara—, y allí planté un manojo de flores silvestres recogidas de diversos lugares exóticos por todo el pueblo —desde las callejuelas hasta los jardines de los ricos. Como el estereotipo del resuelto jardinero, me perdí durante horas en aquel pequeño y lastimero jardín ocupado cuidadosamente en el riego y en fruslerías, como si mis flores fueran de las variedades más finas y estuvieran destinadas a ser presentadas en concursos.

Con perseverante entusiasmo quedaba quieto y sentado en los escalones traseros de la casa lo bastante como para que los petirrojos tomaran migas de pan del suelo delante de mis pies.

También me hice amigo de un ratón del campo, al que alimentaba con sobras de comida y domesticaba lo suficiente como para conseguir que subiera y bajara corriendo de mis brazos y entrara y saliera velozmente de mis bolsillos rotos. Le guardaba en una jaula improvisada cerca del jardín; hasta que cierto día una ola de calor pasó por Ontario, y el diminuto prisionero murió de sed. Un nudo se abrió paso a la fuerza hasta mi garganta al mirar hacia abajo al rígido animalito, pero no dejé que me brotaran las lágrimas.

Los veranos traían consigo otra particular tragedia: Cyrus tenía la tendencia a salir antes del trabajo, dirigirse al bar del hotel y perder los estribos por los efectos del alcohol. Su caprichoso horario me hacía más difícil el estimar su estado de ánimo; y a veces dejaba de apostarme en mis escondites si salía hacia casa más temprano que de costumbre, y por eso a menudo me sorprendía en el piso de abajo —el tabú por excelencia—, lo cual garantizaba unas maldiciones más espantosas y unas palizas más vehementes.

La tensión parecía crecer con los cambios de estación. El verano hacía hervir a fuego lento las cosas en nuestra casa, hasta el punto de que en muchas ocasiones mi madre me encomendaba al cuidado de vecinos de confianza por un día o dos —para dejar que las cosas se calmaran y se aplacara la perversa furia de Cyrus. No había muchos inclinados a aceptar a tan maloliente pequeño galopín, pero se podía confiar en que la gente de la iglesia pentecostal de la localidad me trataría bien si se les lograba convencer para que se hicieran cargo de mí.

A pesar de los horrores de casa, la separación de lo conocido me perturbaba, y nunca me sentí a gusto en el hogar de ningún otro. Cierta noche, mi madre me había instalado en la casa que había en frente al cruzar la calle. Me acosté solo en la cama que me destinaron —una especie de lujo, si no fuera porque estaba nervioso y agitado. Aquel ambiente extraño —quizás la relativa limpieza o sólo la insinuación de no ser querido que todo ello representaba— me mantenía despierto y preocupado. Entonces oí el sonido de un ratón que roía debajo de la cama. Mi mascota no me había dado ningún gran amor por los ratones campestres, particularmente si roían debajo de mí en medio de la noche y sin haber sido invitados.

El dueño de la casa pasó por mi habitación para comprobar cómo estaba yo, y me encontró vistiéndome fuera de la cama.

—¿Qué haces? —me preguntó un poco sorprendido.

—Me voy a casa —respondí con determinación—. Correré el riesgo.

El trató de disuadirme, pero no podía quedarme allí. Yo era demasiado inconstante, demasiado inquieto, para asentarme, aun fuera por una noche.

El hombre sabía a lo que me enfrentaría en casa.

—¿Cómo entrarás? —interrogó.

—Ya encontraré una manera.

Pocos momentos después me hallaba frente a la puerta delantera; escudriñaba con la mirada la ventana en la parte superior del dormitorio. La casa estaba completamente oscura. Sabía que si despertaba a Cyrus yo sería hombre muerto.

Con un susurro agudo y ronco desperté a mi madre: —¡Mamá! ¡Mamá!

Suspiré aliviado cuando ella silenciosamente se puso a la vista en la ventana. Mi madre comprendió en el acto, y con calma me indicó que callara. Luego desapareció, y un minuto después me había abierto furtivamente la puerta. Subí a hurtadillas a acostarme. Por una vez había hecho algo impunemente en las barbas de Cyrus.

Pero, finalmente todas aquellas tensiones cobraron su tributo; y comencé a ser acosado por horribles pesadillas. Dos temas predominantes se repetían noche tras noche sin que yo pudiera hacer nada para impedirlo. En una espantosa secuencia era aspirado dentro de un túnel oscuro y turbulento, y alguien a quien nunca podía ver me estaba esperando al otro extremo para aplastarme y dejarme sin vida. Yo arañaba, gritaba, y trataba de agarrarme, en un intento de evitar el fin a toda costa —hasta que me despertaba tembloroso, con miedo de volver a dormirme y a la posibilidad de enfrentarme de nuevo al túnel.

Otras noches, flotaba impotente sobre un río que me arrastraba; y estirada a lo ancho de aquella corriente impetuosa había una larga soga con un nudo espantoso y enmarañado en su centro. El nudo estaba vivo, agitándose y respirando, ansioso de que yo fuera arrastrado dentro de él para destruirme.

En algunas ocasiones me perseguían leones; en otras, simplemente corría y corría para escapar de un desconocido animal de rapiña. Una y otra vez me despertaba gritando, o yacía gritando en mi sueño, mientras mi madre trataba de calmarme y de hacerme callar para prevenir que Cyrus estallara en la habitación contigua.

Mi madre, como yo, necesitaba alivio. Con frecuencia, Cyrus se deleitaba de manera perversa al sentarse al otro lado de la mesa de la cocina donde ella estaba, para maldecir y llamarla cosas horribles, al mismo tiempo que la amenazaba con pegarle si se levantaba y salía de la habitación. A veces por la noche ella se quedaba sentada durante horas, sufriendo impasible el abuso, decididamente resuelta a no derramar una sola lágrima, no obstante el dolor que consumía su corazón. Tenía que robar el dinero de los bolsillos del viejo para comprar las provisiones que necesitaba. Cyrus, por sus constantes humillaciones, la había convertido en una criada.

Hubo cierta primavera en la cual Cyrus estuvo especialmente violento, y mamá muy frágil; el sol de verano comenzó temprano a cocer a Ontario y la vida se convirtió en una olla de presión sofocante.

Mamá sabía que yo no podría durar muy bien el verano. Nunca dijo nada acerca de ello; pero me miraba, y miraba a Cyrus, y sabía instintivamente que aquella sería una estación terrible para todos nosotros.

Cuando me dijo que me iba a mandar a pasar el verano a la granja de Lud y Selma, allá abajo cerca de Toronto, el grito silencioso e histérico comenzó a sonar dentro de mí y continuó incesantemente. Me horrorizaba el pensar que tuviera que abandonar mi hogar —aquella horripilante casa que era la única fuente de cualquier apariencia de seguridad que hubiera conocido jamás.

¿Por qué había de hacerme aquello mi madre?

Mis inexpresadas preguntas gritaban, estridente e implacablemente, mientras la veía meter mi irremendable y escasa ropa en una caja de cartón y prepararme para el viaje. Y sabía, como si pudiera ver claramente el futuro, que mis pesadillas estaban a punto de convertirse en realidad.

CAPITULO SEIS
Extraños parentescos

*Uno correría menos peligro
de caer en los ardides del extraño,
si sus propios parientes y amigos
fueran más divertidos.*

—Ogden Nash, 1945

Era el sereno y bucólico estereotipo de la granja canadiense, con su establo, sus caballos, sus gallinas y sus cerdos; además de Lud, Selma y de una abuela. El contemplar aquel cuadro le diría a cualquier observador que se trataba de un lugar de suprema paz y tranquilidad perfecta.

Pero yo veía todo aquello envuelto en siniestras sombras grises. Desde el primer momento que pisé la propiedad, me resultó misterioso, amenazador y peligroso.

Lud, un amigo de la familia de Cyrus, era más grande que éste —bastante por encima de 1 metro 80 centímetros de estatura y el doble de ancho que el viejo—, y tenía músculos abultados —un bruto. Selma estaba continuamente molesta: una fiera siempre quejosa que no me consideraba más que un estorbo. Y la abuela era la disciplinaria autoelegida que pasaba el tiempo amonestando farisaicamente.

A pesar de todo su encanto, la granja era un sitio

desagradable para mí, que me dejaba turbado como si estuviera vagando por alguna película de misterio. Cuando Lud descabezaba pollos, yo podía oírlos arañar impotentes el interior del balde, deshechos sus sistemas nerviosos, y expirando en frenéticos pataleos y temblores. Yo me estremecía. El sonido parecía amplificarse en mi mente, como si las uñas de las aves me desgarraran e hicieran un ruido metálico, en el interior del cráneo.

Una noche, la abuela, que todavía era la suprema voz espiritual de su familia, se enfadó conmigo durante la cena y levantándose repentinamente de su silla, me apartó de mi sitio, me bajó de un tirón los pantalones hasta los tobillos, y delante de los otros dos me dio azotes en mi desnudo trasero; luego me puso en pie en el rincón de cara a la pared. Allí me quedé confundido y avergonzado, entristecido por la humillación, deseoso de volver a casa —seguro o inseguro.

Luego vino la prueba fuerte del verano: aquella colitis crónica que destruía mi proceso digestivo y toda esperanza de controlar los intestinos.

Aunque Cyrus y yo no teníamos lazos de sangre, parecía casi que sus horribles problemas digestivos se me hubieran transmitido; como si por pura maldad pudiera traspasarme la peor herencia posible. Desde mi más tierna infancia, los intestinos, movidos por la tensión nerviosa, se me contraían espasmódicamente en forma obstinada, para relajarse luego a su antojo sin la más mínima advertencia. Cada vez que esto sucedía, luchaba por llegar a un cuarto de baño, pero por lo general llegaba a él demasiado tarde. Entonces, roja la cara y mi calma destrozada, rápidamente me quitaba los sucios calzoncillos y me lavaba luego en cualquier lugar idóneo que pudiera encontrar: un grifo, una bomba de agua, un arroyo. . .

Cuando estaba en casa, me parecía que la ruta más

conveniente era bajar corriendo por el saliente hasta la orilla del río; a pesar de que allí me encontraba a menudo con otros niños que nadaban y jugaban y que nunca dejaban de abuchearme y de burlarse de mí mientras hacía mi desagradable trabajo.

Ahora, pasando el verano en la granja, sin tener ninguna explicación de lo que el cuerpo me hacía, me encontraba más nervioso y más propenso a tales problemas que nunca antes. Mientras podía llevarlo a cabo impunemente, escondía mis pantalones sucios debajo de la cama en la habitación donde dormía; hasta que por último Selma descubría la fuente del hedor y enfurecida los lavaba todos. Muy pronto Lud entró en escena, airado conmigo por perturbar a mi anfitriona, y declarando que aquello no era sino "una costumbre asquerosa y nada más". Luego severo, me advirtió que no dejara que tal cosa volviera a suceder. Pero eso estaba literalmente fuera de mi control, e indefectiblemente sucedió lo inevitable.

Entonces, el brutal Lud me agarró por el cuello levantándome completamente del suelo; y mientras yo me balanceaba en sus manos como un muñeco de trapo, salió atropelladamente de la casa hacia el gran depósito circular de agua de lluvia que había en la parte de atrás. Se me puso el estómago nauseabundo al ver descubrirse su propósito delante mí. Luego, situándose al lado del depósito, y maldiciéndome ferozmente, me metió con un solo gesto violento en su interior, sumergiéndome por completo en el agua fría.

Mi mente daba vueltas alocadamente mientras yo luchaba por retener la respiración. Los fuertes dedos de Lud se hallaban firmemente apretados contra mi cuello y mi hombro, y aunque lo intentara no podría escapar. Toda la terrible gama de posibilidades pasó por mi mente como un relámpago, incluyendo la posibilidad extrema: Sencillamente, ¿me matará aquí mismo, de esta manera?

Los pulmones comenzaban a arderme, ansiosos de oxígeno. Podía sentir mi pulso en las sienes, escuchar el toque a muerto mientras latía con violencia a través de mi escuálido cuerpo. Ola tras ola de terror y náusea pasaron sobre mí en rápida sucesión, y parecía que mis pulmones estallarían de no conseguir respirar.

Entonces, de repente, sus dedos se apretaron y me sacaron del depósito. Mientras mi cara partía la agitada superficie del agua, un sorbo de aire entró vibrando en mi garganta abierta. Tosí tratando de aspirar más desesperadamente; pero antes de que pudiera recuperarme, Lud me había vuelto a meter en el agua. Otra vez me mantuvo sumergido hasta que mi pecho clamó por descanso, y de nuevo volvió a levantarme en el último momento posible. Apenas había llenado mis pulmones con un trago de oxígeno, cuando me empujó por tercera vez bajo del agua; y luego una cuarta vez. Hasta que finalmente pensó que había dejado claro lo que quería decir, y con un golpe me puso en tierra junto al salpicante depósito y se fue.

—Asegúrate de dejar esa asquerosa costumbre —murmuró mientras taconeando subía los escalones del pórtico y entraba en la casa.

Yo me tambaleé, sentándome luego torpemente en el lodo mientras me apoyaba contra el depósito —demasiado traumatizado para llorar; demasiado débil para levantarme y lavar mis calzoncillos sucios.

Era algo extraño, pero me alegraría volver a casa.

Dos amigos entraron en mi agitada vida; ambos destinados a despedirse de un modo trágico.

Capitán era el descendiente ilegítimo de un perro perdiguero labrador y alguna otra cosa —un perro grande y huesudo, de color negro y canela, que cierto día surgió como se dice de la nada y aparentemente percibía en mí algún parentesco puesto que los dos éramos hijos ilegítimos.

Nunca fue mi mascota, sólo mi compañero. Jamás le puse un collar, y sin embargo permanecía conmigo como si hubiera sido hábilmente amaestrado. Se trataba de una mágica e inconmovible lealtad.

Corríamos juntos, jugábamos juntos, y cuando Capitán desaparecía de vez en cuando para hacer de las suyas en lugares desconocidos, siempre estaba seguro de que volvería.

Entonces el instinto me dijo que algo iba mal. El aire se hizo suave y silencioso a mi alrededor, y supe en mis entrañas que había un problema con Capitán.

Fui de unos a otros por todo el vecindario, preguntando a cada amigo, a cada conocido, si sabían algo de Capitán, si tenían alguna información, algunas ideas acerca de su paradero.

Alguien dijo que se lo habían llevado.

Desde el principio, yo sospechaba que en otro tiempo había sido un perro con amo, aunque nunca le había visto atado o al cuidado de nadie. Ahora, quizás, la Sociedad Protectora de Animales le habría recogido y vendido —o tal vez sencillamente había sido obligado a convertirse en esclavo por algún malvado dueño.

La historia seguía diciendo, que el viejo Eduardo DuPuy tenía a Capitán atado en un cobertizo detrás de la Fábrica de Tejidos donde el hombre trabajaba, al otro lado del río Nith. Si me ponía en el saliente que había detrás de mi casa, podía ver la parte de arriba del cobertizo donde se pensaba que estaba Capitán.

Yo sabía que si le silbaba, me respondería. Era el silbido lo que siempre utilizábamos: —tres tonos cortos y agudos; y mientras éstos resonaban abajo del saliente y al otro lado del río, yo hacía un esfuerzo intenso por oír la respuesta.

Un salvaje y frustrado ladrido se oyó como contestación a través del valle del río, y mi corazón se agitó encantado de escuchar aquel viejo sonido familiar —al mismo tiempo que abatido por el misterio resuelto de una manera tan triste.

Cada día, durante una semana, ocupé mi posición sobre el saliente y le silbé la señal a mi viejo amigo. Y todos los días, sin falta, Capitán ladraba furiosamente. Yo podía imaginármelo estirando la cadena mientras los músculos de su cuello tiraban del collar y sus patas rascaban la tierra, pero en vano.

Finalmente decidí que tenía que verle. Había pasado demasiadas horas mirando con ojos de miope y cara ceñuda al otro lado del río; y los cuadros mentales obraron sobre mí hasta que llegó el momento en que tuve que aventurarme. A media tarde, después de que el turno de día se hubiera marchado de la Fábrica de Tejidos Wincey, me escurrí rodeándola hasta detrás del pequeño cobertizo.

Cuando Capitán me vio, brincó hacia mí, volviendo a ser otra vez un alegre perrito —aunque sólo por un momento. Yo le abracé como si se tratara de un hermano desaparecido hace mucho tiempo que vuelve a casa de la guerra.

Pero no podía ponerle en libertad. Me dolía no hacerlo; sin embargo demasiada gente sabía que habíamos sido inseparables, y si ahora me escapaba con él, lo único que pasaría sería que tendría que devolvérselo más tarde al viejo Eduardo DuPuy.

Las lágrimas me escocieron los ojos mientras tenía a Capitán en mis brazos para pasar juntos un último momento. Luego me alejé de él agonizante. El tiró de la cadena tratando de seguirme; pero partí solo.

Había un chico mayor llamado José —que yo supiera no tenía apellido—, quien se juntaba con muchachos más pequeños que él. Sus pantalones eran demasiado cortos, y ponían al descubierto unas feas llagas. Se trataba de la persona taciturna y enigmática que tiene toda ciudad y por la que no siente afecto, ya que las madres se preguntan de lo que es capaz y cómo está influyendo a sus hijos.

Había sido rechazado en su hogar, y se pasaba la mayor parte del tiempo sentado en los bordillos de las aceras de vecindarios como el nuestro de París, mientras hablaba en tono bajo con los pocos que estaban dispuestos a sostener una conversación con él.

Como rechazado que era yo también, me convertí en uno de esos pocos.

Cierto día mirábamos silenciosamente al otro lado del río, adonde estaba el puente del tren. En el cálido aire del otoño, y con las hojas desfallecientes de esa época del año, el mismo suponía una vista moderadamente inspiradora para dos rarezas como nosotros.

Por último, José rompió sosegadamente aquel silencio pintoresco.

—¿Qué te parecería dar un paseo en tren, Maury?

Le miré con incredulidad. Nunca en mi vida me habían ofrecido nada tan estupendo.

—Caramba, de veras me gustaría —contesté jadeante—. ¿Quieres decir en un tren de verdad?

—Yo voy a ir mañana —respondió sin darle importancia; y quedamos en que a la mañana siguiente vendría a buscarme a una cierta hora y que yo estaría esperándole fuera de la casa.

Aquella noche, acostado en la cama y con la vista fija en el techo, todavía me quedaba pasmado al imaginarme el poderoso resoplar de la gran locomotora que hacía vibrar el suelo del tren debajo de mí, y las hojas caídas que agitadas en diminutos tornados pasaban veloces a medida que las enormes ruedas recorrían con estruendo la vía a través de las áreas boscosas.

La mañana siguiente me encontró esperándole a la hora señalada con mi pequeña americana roja de algodón. Vino como habíamos planeado, y yo me puse a andar junto a él; pronto empecé a sudar un poco al tratar de mantenerme al paso de sus grandes zancadas.

Cuando por último nos alcanzó la oscuridad, caímos desplomados bajo un árbol en un patio. Yo estaba cansado, preocupado y débil a causa del hambre; no habíamos comido nada desde que salimos.

Me costó mucho dormirme, ya que el ambiente desconocido perturbaba mi sistema nervioso. Mientras yacía tumbado y despierto en la hierba, apareció una pesada silueta. Alarmado le eché una mirada furtiva. Se trataba de un viejo vagabundo espeluznante, con su ropa desaliñada y cuyo aspecto completo daba una impresión de abandono y desesperación.

Estaba espantado del viejo, pero éste no se paró a molestarnos; por lo que él podía ver, nosotros tampoco éramos otra cosa que una pareja de vagabundos —y básicamente se hallaba en lo cierto. Así que siguió adelante.

Por último me sumí en un sueño desasosegado.

Mientras tanto, en casa, mamá que se había dado cuenta de mi ausencia comenzó la inevitable búsqueda —al principio despacio, segura de que me localizaría en algún lugar característico; luego a un paso cada vez más urgente, a medida que empezaba a comprender que nadie me había visto durante el día.

Quizás el librarse de mí hubiera resuelto algunos de sus problemas, pero su instinto maternal no le permitía llegar a tal conclusión. Todavía me quería, aunque fuera de su triste manera. A más de esto, Cyrus había demostrado su verdadero carácter de una forma tan vil y constante a lo largo de los años, que a mamá le quedaba poca esperanza de que algún día se reformara, aun en el caso de que yo desapareciera de algún modo.

El lugar más probable del desastre —todo el mundo lo sabía—, era el río. Finalmente, Maury se habría escurrido del saliente, cayendo por encima del muro de cemento y precipitándose hacia una muerte horrible en las aguas del Nith. Mis hermanos y hermanas rebuscaron a lo largo de la orilla, escudriñando con la mirada el otro lado del río en busca de mi estrafalaria americana roja.

Cierta emisora de radio local comenzó a transmitir mi descripción, instando a la gente a que estuviera alerta. Una tropa de niños exploradores se desplegó para realizar su propia búsqueda, cada uno de ellos con la esperanza de conseguir quizás una insignia del mérito por encontrar el cuerpo. Varias personas se unieron a la búsqueda del niño. Pero el niño buscado no habría de aparecer.

Para el anochecer ya mamá había perdido la esperanza.

—Magnífico —gruñó Cyrus al enterarse de que había desaparecido—. Espero que ese negro bastardo esté muerto.

Al segundo día, José y yo partimos para recorrer más distancia. Yo estaba profundamente preocupado, y me preguntaba adónde me llevaba, cómo lograría volver a casa, y lo que me haría Cyrus cuando llegara allí. Pero, de todos modos, proseguimos penosamente la marcha, y yo permanecí silencioso en cuanto a mis temores.

—¡Eh! ¿Adónde van? —gritó un hombre desde su casa mientras atravesábamos su vecindario.

—A Woodstock —contestó José.

El hombre, todo sonrisa, caminaba ahora hacia nosotros.

—Salten a mi automóvil; yo les llevaré a Woodstock.

Me sentí agradecido. Las piernas me dolían; y al acomodarme en el tapizado del asiento trasero, pude notar que mis delgados músculos empezaban a relajarse —por fin.

Estuvimos sentados por largo rato dentro del automóvil en el camino particular de la casa del hombre, en espera de que él volviera a salir y nos pusiera de camino. Entonces, sin previo aviso, un automóvil de la policía entró en la vía y se detuvo luego a nuestro lado.

Mi corazón latía con violencia mientras el agente saltaba de su automóvil y abría nuestra puerta de par en par. Antes de que yo pudiera reaccionar, arrastraron fuera a José y lo metieron deprisa en el automóvil patrullero.

—¿Estás bien, hijo? —me preguntó el policía en un tono cordial al tiempo que se volvía hacia mí.

Yo tenía los ojos muy abiertos y preocupados.

—Sí, estoy bien —le dije; pero tenía miedo.

Nos llevaron en automóvil hasta la comisaría, haciéndonos pasar adentro —donde yo comencé a insistir en que tenía que volver a casa. El jefe de policía fue amable conmigo: —No te preocupes ya, Maury —expresó; y luego, volviéndose hacia José le imprecó airadamente, exigiéndole que le dijera por qué razón raptaba a un niño de mi edad.

—Nadie le obligó a venir —dijo José con voz lastimera—; él quiso hacerlo.

El jefe, visiblemente enojado, le dio bruscamente una patada en el trasero.

Mi madre se estaba lamentando, sentada al lado de la ventana del salón con mi hermanito Cyrus en brazos, cuando vio entrar en la calle un automóvil de la policía en el que presionaba mi triste cara contra el cristal. Sorprendida, se levantó mientras el pequeño Cyrus se le escurría de las manos y al caer pesadamente al suelo lloraba a gritos. Mamá se apresuró a la puerta para recibirme.

El sentir que se me echaba de menos era una agradable sensación —algo que pocas veces había experimentado en mi vida.

Mamá me dio un gran tazón de avena cocida con leche y una enorme pasta danesa para llenarme el estómago vacío. Yo estaba preocupado acerca del viejo, pero era sábado y ella me aseguró que éste bebía en el hotel, y podía contarse con que durante un buen rato no aparecería.

José desapareció para siempre, víctima de su propia soledad; y Cyrus se sintió decepcionado al descubrir que yo estaba vivo y bien, mostrándose especialmente irritable durante unos pocos días. Yo tuve sumo cuidado de no cruzarme en su camino.

Pero Cyrus se iba haciendo viejo.

CAPITULO SIETE
Debilitamiento y despedida

A la hora de comer:
Ven aquí, y come del pan, y moja tu
bocado en el vinagre.

—Rut 2:14

A medida que Cyrus envejecía, poco a poco su vigoroso cuerpo comenzó a fallar. Cuando hubo vivido sesenta años, las décadas de irreflexiva entrega al hábito de la bebida habían debilitado sus órganos vitales, y sus energías decayeron. Por su torpe andar tomaba más tiempo para ir a la casa, su sistema digestivo estaba totalmente deteriorado y le era más difícil retener el licor. Sentado cerca de él, podía oírsele respirar; sus pulmones necesitaban de una ayuda cada vez mayor para funcionar bien. Ahora pasaba más tiempo sentado a causa de su fatiga que por su habitual pereza; podía vérsele horas enteras en zapatillas mientras se entretenía sin propósito aparente con los crucigramas del periódico. Su pelo, aun el del bigote manchado de nicotina, era ahora más fino.

Consiguió un trabajo menos fatigoso como hilador en una fábrica de tejidos; pero aun así faltaba días a sus obligaciones, porque tenía que cuidar las articulaciones y los músculos doloridos. El camino al bar, que en otro tiempo había sido sencillo y una mera diversión, se convirtió en un esfuerzo agobiador y penoso —y la taberna misma en una parada obligatoria de recuperación. Luego, después del bar venía el interminable vomitar —algunas veces durante toda la noche—; y para recuperarse, una mezcla malsana de vinagre y huevos crudos. El dinero, aun aquel que mamá descubría y sacaba secretamente de sus bolsillos al final del día, se hizo más escaso.

Mi madre vio acercarse el dilema desde lejos, y en su interior brotó de nuevo el impulso de huir —teniendo que reprimirlo deliberadamente. Lo único que le impidió escaparse apresuradamente de la dificultad como un conejo asustado, fue que se sentía demasiado cansada, era mucho mayor y estaba en extremo consumida.

Entonces, se le ocurrió la idea del restaurante. Alguien lo vendía, y ella pensó que podíamos comprarlo y explotarlo como familia —aparentemente algo absurdo, dada la historia y la dinámica de nuestra familia en particular. Sin embargo, ninguno de nosotros consideró aquello; sólo oímos que íbamos a comprar un restaurante, y como no habíamos aprendido a imponer preferencias, no se suscitó ningún inconveniente.

En un restaurante se podía vivir sin el viejo. El podría hilar tantos días como fuera capaz, dormir tantos otros como necesitara, y —en teoría— el restaurante supliría las necesidades financieras del resto de nosotros. Nunca se habló de que, después de pasar la vida huyendo, mi madre no podía de un modo realista esperar tener éxito en una primera aventura tan radical como aquella. Ella había trabajado aquí y allá como camarera en restaurantes y cafés de la zona —un mes en uno, unas pocas semanas en otro— cuando los tiempos eran especialmente difíciles y había trabajo; se sentía a gusto con la idea de hacer funcionar un restaurante.

Pero nosotros viviríamos en el piso de arriba. El mismo albergaba normalmente a los propietarios; y habría que vender y desocupar la casa sobre el saliente.

Aquella casa era el escenario de tanto dolor, el catalizador de tanto trauma. . . nunca me hubiera debido importar abandonarla. En cada rincón, en cada sombra de la misma, veía memorias trágicas; y sin embargo, para mi raído sentimiento de seguridad, se trataba del mundo que me era familiar, del seno en el cual había encontrado el único alimento que conocía —no importaba lo contaminado que estuviera.

El día que nos mudamos me sentía triste; mientras una vez más los años pasaban rápidamente sobre la pantalla cinematográfica de mi mente. En un breve y vacilante momento, cada acontecimiento fue evocado, mostrado y sustituido por el siguiente —todas aquellas palizas brutales, todas las comidas que me daban a escondidas, todas las bulliciosas rondas de juegos con mis hermanos en el patio. . . y recordé esos momentos de revelación, cuando comencé el largo y tortuoso proceso de saber quién era.

Mamá no podía recordar con seguridad cuándo era mi cumpleaños. Había ido a Brantford aquel día temerosa y confusa, y nunca podía recordar si se trataba del 27 o del 28 de abril.

Los niños hacen tales preguntas como parte de su curso natural de crecimiento; y como niño —aunque Cyrus nunca permitió que tuviera una fiesta de cumpleaños ni reconocimiento de ningún tipo— me di cuenta de que en el colegio todos conocían el día de su cumpleaños, y yo también quería saber el mío.

Mi madre cometió el error de dudar. Como la pregunta la tomó por sorpresa, en un momento en el que se estaba concentrando en otra cosa, no fue capaz de escoger arbitrariamente una fecha sobre la otra.

—El 27. . . no, el 28. No, no, el 27 de abril —respondió sin pensar.

—¿Cuál es? —interrogué inocentemente.

—Oh, Maury, no importa —contestó al darse cuenta finalmente de lo que había hecho.

No pude sacarle nada más. Ella eludía el asunto, sin jamás examinarlo.

Mis compañeros de escuela encontraban ridículo, y les parecía una gran fuente de diversión, el que yo "pensara" que mi cumpleaños era el 27 o el 28 de abril. Cuando ya hube pasado suficiente vergüenza y turbación, decidí hacer lo que mi madre no había sido capaz: Escogí arbitrariamente el miércoles 27 de abril, pretendiendo luego con deleite que aquella era en verdad la fecha precisa.

También en otras formas era yo un fenómeno de circo para mis compañeros de colegio.

Siempre salía la pregunta burlona de: —Oye, Maury, ¿cómo es que tus hermanos y hermanas mayores se llaman Wick, y también tus hermanas y hermanos más pequeños, y tú te apellidas Blair?

Debía conseguir una respuesta de mi madre acerca de aquello, ya que me era necesario tener una explicación para mis compañeros.

Para ella debió ser una pregunta desgarradora, la cual sin duda trajo a su memoria décadas de conducta censurable y revolvió sacando a la superficie de la olla emocional su desagradable pasado. Mi madre había enmarañado sus recuerdos diciendo mentira tras mentira, y después de tantos años no podía acordarse ya de a quién le había presentado cada historia, ni tampoco a cuál exactamente de sus torcidas relaciones servirían mejor las diferentes versiones de la verdad.

Mamá suspiró profundamente mientras yo la miraba a sus grandes y en otro tiempo hermosos ojos —cansados y agobiados ahora después de años de vejación.

—Diles únicamente —me contestó— que he estado casada tres veces, y que tú naciste del segundo esposo.

—¿Pero qué les pasó a tus dos primeros esposos, mamá?

—Murieron, Maury. Tu padre fue un héroe y perdió la vida en la Guerra Mundial.

De niño, pude aceptar la historia; pero a medida que fui creciendo en el mundo real, empecé a comprender lo poco plausible que era. Sin embargo, el interrogar a mamá resultaba tan doloroso para mí como para ella; ya que su respuesta, cuando iba demasiado al fondo, consistía en replegarse a la compasión propia, haciendo que yo me sintiera culpable por proyectar negras dudas sobre su pasado con sólo hacer tales preguntas. En cierto sentido, se trataba de una hábil defensa; puesto que evitaba las trampas en las que podía caer si se equivocaba al contar mentiras.

Pero de todos modos cometía errores. Al recordar la vergüenza que experimentó al regresar velozmente a París desde Estados Unidos en la época en que yo aún estaba en su vientre, me dijo que yo había nacido en Byesville, Ohio, un pueblito de la parte centro-oriental de ese estado. En realidad nunca había estado allí; y quizás escogió aquel pueblo al azar de un mapa de carreteras. Pero en su mente, pensó que una herencia artificial de Byesville me separaría de la dolorosa realidad —de que había sido concebido en fornicación y por vergüenza dado a luz furtivamente.

Ahora, mientras me encontraba en la calle y observaba cómo se vaciaba la casa, podía vernos a todos hacer frente a las discrepancias en aquellas ocasiones difíciles.

En la calle, mis medio hermanos y hermanas me defendían —como nos protegíamos todos unos a otros— contra las maliciosas insinuaciones que frecuentemente hacían otros niños; rápidos como eran para repetir las historias que oían contar a sus padres acerca de "esos Wick". Nosotros, los hermanos en particular, durante nuestro crecimiento, adoptamos la actitud clásica de la pandilla familiar dándoles de puñetazos a nuestros rivales —particularmente cuando uno de nosotros se veía amenazado. Yo al menos no toleraba ni a las niñas. Cuando me encontraba en primer grado, mi hermanito Marcos me dijo llorando que una chica de mi clase le había pegado. Dominado por la ira, marché calle arriba hasta su casa. Ella estaba en el patio delantero recogiendo hojas con un rastrillo.

—¿Le pegaste a mi hermano? —pregunté furioso—. ¡Si lo vuelves a hacer te daré un puñetazo!

—Si das un paso hacia mí —replicó la niña a su vez—, te pego en la cabeza con este rastrillo.

—¿Tú? —dije despectivamente— ¡No tienes agallas!

Luego di el paso prohibido.

Ella blandió el pesado rastrillo de metal sobre su cabeza y lo dejó caer, con los dientes hacia delante, sobre la mía. Yo volví a casa gritando mientras la sangre me corría por la cara.

En aquellos momentos en que no había que cargar con el fardo de la verdad, existían ocasiones de gran compañerismo por parte de los niños Wick con su singular hermano Blair. Cuando una de nuestras vecinas le preguntó inexplicablemente a mi madre si podía darme un carrito rojo, tuvimos que esconder la información del viejo —pero, de todas formas, a pesar de lo emocionado que estaba de recibir un regalo tan increíble, no era de esos que pueden guardar el gozo para ellos solos.

Mis hermanos y yo, regocijados hasta lo sumo, entramos atropelladamente en el nuevo carrito empujando, tirando y rodando por todo el vecindario juntos como verdaderos hermanos. Igualmente, cuando el sarampión inundó París, todos lo cogimos juntos. El ayuntamiento puso carteles de cuarentena por toda la fachada de la casa, mientras todos estábamos enclaustrados como monjes enfermizos, hasta que pasó la plaga.

Solamente la invectiva de Cyrus me separaba de ellos de alguna manera. La mañana de Navidad, Marcos era siempre el primero en despertarse, y volvía con el informe del piso de abajo: lo que tenía cada uno, cuántas cosas había alrededor del árbol. . . Todos compartíamos aquel gozo chillón —hasta que el resto bajaba. Entonces, a causa de Cyrus, yo ocupaba mi posición en el respiradero del suelo, olía el pavo, escuchaba la risa y las exclamaciones de sorpresa y de admiración, la charla emocionada de los niños que tenían juguetes nuevos. . . esperando que alguien traería alguna cosita para mí.

Y luego, una semana más tarde, los hermanos hacíamos frente juntos al ritual de la noche de despedida de año. Mamá y Cyrus siempre se iban de fiesta, dejándonos a todos en casa. Pero antes de partir, ella nos alineaba para darnos un beso a cada uno.

Yo siempre era aprensivo cuando llegaba a mí. Nunca había conocido sus abrazos ni ninguna otra expresión de afecto, y el que ahora me besara resultaba perturbador. Por lo tanto me retorcía; pero ella me agarraba la cabeza atrayéndome suavemente hacia sí. Entonces yo giraba sólo lo suficiente para que su beso se posara en mi mejilla; eso era todo lo que me resultaba posible tolerar.

Entonces, con los padres fuera y sin presión alguna que nos perturbara, organizábamos nuestra propia celebración de Fin de Año —con peleas feroces de almohadas, gritos, caos y todo lo demás. Durante unas pocas horas, disfrutábamos de un júbilo y una algarabía genuinos. Luego, a medida que se acercaba el alba, bregábamos para limpiar nuestro holocausto.

Ahora, los ingredientes de dichos holocaustos estaban siendo apresuradamente acarreados fuera de la casa y arrastrados al centro de la ciudad; al segundo piso del restaurante. Cuando el lugar quedó prácticamente vacío, durante un rato vagué por su interior; sintiendo un extraño vacío dentro de mí que hacía juego con el eco de las desnudas habitaciones. Yo era en gran manera el chico de trece años desplazado, que se preguntaba vagamente lo que sucedería ahora —ahora que estábamos abandonando nuestro antiguo vecindario, ahora que íbamos a administrar un negocio, ahora que el viejo se hallaba tan enfermo. . .

En ese momento, resultaba ya una tarea más difícil tomar venganza del negro bastardo de Alicia. El tirar por ahí a un chico de trece años larguirucho y con gafas era algo bastante diferente a lo que había sido hacerlo con un niño de siete, delgado y falto de peso. Mientras que la naturaleza había aumentado mi altura a su debido tiempo, Cyrus había acelerado su propio deterioro vertiendo enormes cantidades de licor en su sistema. Todavía era capaz de desarrollar la energía necesaria para maldecirme y lanzarme obscenidades verbales, pero la infamia del abuso físico se le hacía cada vez más difícil.

Miré la escalera —aquella que él había subido tan a menudo para hacerme objeto de su particular injusticia. Mis ojos la siguieron hacia arriba, hasta la bombilla desnuda que había en la parte alta que salía de la pared, con su cadenilla de tiro colgando floja y recta —la cadena de la que el viejo tirara tantas veces al bajar las escaleras, dejándome a mí en la oscuridad y solo. Fijé la mirada en el respiradero del suelo —aquel conducto de luz que había tomado como amigo, y que ahora estaba a punto de ser abandonado para siempre. A pesar de toda la dolorosa tristeza de aquellas horas en que yacía en el suelo y miraba con ojos de miope por la rejilla la actividad de abajo, todavía sentía un vacío al pensar en dejarlo atrás.

Ahora me resultaba posible evitar al viejo. Se movía torpemente, y su reflejo de ira era endeble mientras que en otro tiempo había sido rígido. En ese entonces, sólo con no cruzarme en su camino, podía moverme con un poco más de libertad en la casa. Pero ahora que la libertad empezaba a despuntar, abandonábamos la vivienda. Nunca sabría cómo hubiera sido dicha libertad allí.

Lo llamábamos la Fonda Wick, lo cual enfurecía a mamá, ya que ella le había puesto el aburrido nombre de Restaurante Wick. Se trataba de un típico fonducho de mala muerte, con mostradores a ambos lados de un largo y angosto pasillo. Mi madre había pedido dinero prestado para comprarlo y renovarlo. Tanto mis hermanos como yo, barríamos el piso, fregábamos platos y atendíamos mesas con la misma seriedad solemne de los Hermanos Marx. Nuestras chaquetas y uniformes blancos eran una fachada inadecuada para la juerga que nos corríamos.

Cuando nuestros amigos entraban y metían dinero en el tocadiscos automático, les mostrábamos cómo hacer que el aparato funcionara gratis. Les fiábamos a los compañeros de la escuela sin esperar, ni recibir nunca el pago.

Yo iba a comenzar la enseñanza secundaria el mes en que se abrió la Fonda; y por lo que podía ver, no había ninguna decisión que tomar. La escuela no me estaba haciendo ningún bien, el restaurante podía ser un juego divertido, y mi familia me necesitaba —esto último supuso una revelación casual.

Durante cuatro meses actué con impunidad, pero luego atraparon a cierto antiguo compañero de clase mío trabajando sin tener un permiso para dejar la escuela, y éste tiró de la manta en cuanto a mi caso hablando con el oficial encargado de los holgazanes.

—¡Maury Blair lo está haciendo! —dijo— ¿Por qué no puedo hacerlo yo?

El jefe de policía vino a husmear por allí, y cuando yo desafié sus órdenes de volver a la escuela, acabé delante de un juez local.

—Eres tan joven —dijo el magistrado con un tono de preocupación genuina—. . . Tus notas son buenas, y tienes potencial. Deberías estar en el colegio.

Le expliqué que me necesitaban en casa, pero él no se lo creyó. De modo que de mala gana y amargamente volví al colegio.

El día de mi cumpleaños pasé a una nueva categoría legal, y decidí intentarlo otra vez. Solicité un empleo de menor para hacer trabajo rutinario en la fábrica de tejidos, y me lo concedieron; pero todavía necesitaba la aprobación del jefe de policía para dejar la escuela legalmente. Con el respaldo compasivo del director del colegio, fui al jefe y le presenté mi petición.

Me dijo que pensaría acerca del asunto y le haría saber la respuesta al director. Podría consultar con aquél el viernes.

Yo tenía que comenzar a trabajar el lunes, y sentí que la tensión aumentaba. Mi posición era absurda. No tenía dinero para libros de texto, mis pantalones me quedaban demasiado grandes, nunca me quitaba mi vieja chaqueta del ejército porque me daba vergüenza que se viera lo que llevaba debajo. . . Otros escolares constantemente se reían de mí por mi aspecto de total depravación. Tenía que salir de allí y ponerme a trabajar.

Mientras sentado me consumía por la próxima confrontación, me puse furioso; y antes de partir hacia la escuela el viernes por la mañana me llené el bolsillo de canicas, grandes bolas de metal, determinado a utilizarlas si el director era portador de malas noticias. Sabía que me expulsarían forzosamente del colegio si lanzaba un puñado de bolas a la cara de un profesor.

Fue el último día que pasé en la escuela secundaria. Me habían liberado.

CAPITULO OCHO
Miserable final

*Hasta en el momento de su aliento final
En la esperanza confía el miserable;
Y aun el vivo dolor que a la
muerte precede
Convídale a acrecer la expectación.*

—Oliver Goldsmith, 1764

El éxodo había comenzado, y era irreversible. Rosa, mi hermana mayor, había partido de casa para casarse; y tanto Javier como Francisco se marcharon al cumplir dieciocho años y se alistaron en el ejército canadiense. Cada vez que con permiso venían a casa, se producían escenas patéticas a la despedida; mi madre lloraba desconsoladamente. Ella, como a Rosa, los echaba de menos, después de tantos años de tenerlos en casa; además estaba obsesionada con la vida que les había dado mientras se hallaban aún a su cuidado. Ahora, en su ausencia, sentía un pesaroso vacío.

Con todas las presiones fisiológicas normales de la adolescencia, yo reaccioné al éxodo sumiéndome en la depresión juvenil. Al acceder finalmente a una habitación propia sólo por la ausencia de mis hermanos, pasaba gran parte de mi tiempo sentado en ella, solo, escuchando un radio receptor. Mis compañeros de la fábrica bebían, pero a mí nunca me gustó después de ver y sufrir sus efectos en el viejo durante tantos años. Sin embargo, con el tiempo pude fumar libremente, y el aire de mi dormitorio se enrareció.

Ocasionalmente, la vida insípida parecía también sin valor, y yo profería amenazas de suicidio ante el único auditorio digno de confianza que tenía: Flor, mi hermana menor, que estaba creciendo en una soledad similar a la mía, y de quien podía estar seguro que no repetiría mis palabras a mamá. "Voy a salir" —le decía—, "y no me importa si no vuelvo nunca. Si me salgo con la mía, moriré en un accidente de automóvil". Pero aquel accidente jamás sucedía; y cuando trataba de obligarme a mí mismo a apretar el acelerador y precipitarme contra un árbol o por un barranco, algo me retenía —algo que yo interpretaba como miedo infantil y que me deprimía aún más. Una mano invisible me estaba sujetando, pero yo era incapaz de considerarla como otra cosa que no fuera mi propia debilidad.

Siendo un chico esquivo e inquieto, busqué diversiones rudas. Me intrigaba el boxeo, y a menudo los viernes por la noche escuchaba los combates por el radio-receptor del salón de billar de Zeke Virgil. Si se tenía dieciséis años cualquiera en el pueblo podía boxear. De modo que cuando sólo contaba con quince mentí respecto de mi edad y empecé a practicar ese deporte. De un modo extraño, en un solo y raro momento, el boxeo sacó a luz la única expresión de interés de Cyrus por mí. En cierta ocasión, mamá me sorprendió diciéndome que éste podía enseñarme una técnica para ayudarme a boxear. Mientras observaba su demostración perplejo, me mostró cómo asestar un golpe con la parte inferior de la palma de la mano para evitar herirme los nudillos. Durante breves e irónicos minutos, nos lanzamos imaginarios golpes uno contra otro a manera de práctica. Luego aquello terminó tan súbitamente como había empezado; y la escena nunca más se repitió.

No obstante, yo era un mal boxeador. Tenía visión deficiente, y nunca podía percibir claramente los golpes. Así que dolorido y ensangrentado abandoné aquello después de algunos valientes meses de práctica. La débil expresión de interés por parte de Cyrus no había logrado producir nada más que confusión en mi mente.

El salón de billar llenaba muchas de mis tardes. Uno podía estar tan callado y taciturno como quisiera alrededor de una mesa de juego. Allí no existía nada del trato social exigido en tantos otros deportes. Aquel salón se convirtió para mí en una especie de capullo mientras los monótonos años de la adolescencia pasaban tediosamente.

No obstante, se desataban pensamientos esporádicos e indisciplinados, evocadores de las excursiones alocadas para tirar piedras de años atrás. Como adolescente, me dedicaba a manejar con mis compañeros a través de los terrenos cristianos para acampar que había cerca, silbando a las chicas y gritando agudezas a los "creyentes exaltados". Observé docenas de llamamientos al altar sin comprender en lo más mínimo lo que significaban; e invariablemente, todos en la fábrica contábamos historias enormemente exageradas acerca de lo que habíamos visto. Una de nuestras favoritas era la del tipo que subiendo a un poste del teléfono gritaba: "¡Ya vengo, Señor!"

Pero la mayor parte del tiempo estaba en mi concha, jugando al billar en el salón de Zeke Virgil, envuelto en una sombría mortaja de silencio, y oyendo como sólo el ruido de las bolas lisas al chocar y la charla de los otros jugadores rompían la monotonía.

Fue aquella charla lo que un día atravesó mi tétrica mortaja.

—Ajá, recuerdo el día que naciste, Maury —brindó el rudo Zeke Virgil cierta vez al surgir el delicado tema de los cumpleaños.

No estaba seguro, pero pensé que quizás estuviera comenzando una broma; y medio sonriendo, contesté:

—¿Ah sí? ¿Y cómo es que te acuerdas?

—Llevé en automóvil a tu madre hasta una casa de Brantford para que te tuviera.

—Seguro que no fue a mí —insistí mientras sentía una desagradable agitación en mi interior.

—¡Claro que sí! —reiteró; y luego extendió sus manos y añadió— ¡Te conozco desde que eras así de grande!

—Imposible —repliqué horrorizado—, yo nací en los Estados Unidos.

Todos los ojos en el salón de billar se habían vuelto hacia nosotros, y ahora me sentía incómodo con ser el centro de atención.

—No naciste allí —contestó Zeke con la frente arrugada—. Naciste acá, en las afueras de Brantford. Será mejor que vuelvas a casa y le preguntes a tu mamá, Maury. Sé de cierto que la llevé en automóvil a Brantford la noche que naciste.

Mi cara estaba roja de vergüenza.

—¿Qué te pasa, hombre? —se burló alguien desde un rincón de la habitación— ¿No sabes siquiera dónde naciste?

Hice como si no hubiera oído el comentario, aunque había atravesado el lugar como un cuchillo.

—Venga —murmuré, mientras tiesamente daba tiza a mi taco. Vamos a jugar.

No mucho después había presentado una débil excusa para irme temprano. Tenía que conseguir una respuesta al nuevo dilema.

Todavía resentido y humillado, entré en el piso y me dejé caer en una silla junto a la mesa de la cocina, mirando de frente a mi madre.

—¿Dónde nací? —le pregunté.

Ella me respondió en la misma forma tranquila que siempre lo había hecho a aquella pregunta.

—En Ohio.

Yo suspiré.

—Vaya, qué extraño —repliqué con un tono sarcástico en mi voz—, porque hace un momento estaba en el salón de billar y Zeke Virgil decía que te llevó en automóvil hasta una casa de Brantford la noche que me tuviste.

Observé su cara. Ella miró hacia abajo rápidamente, mientras sus ojos se empañaban al entrar una vez más el oscuro pasado, sin realmente quererlo, en el presente. Sus instintos empezaron a tratar de construir una excusa a su viejo modo, pero uno o dos segundos después supo que esta vez tendría que enfrentarse a la verdad. De todas formas aquella había sido una mentira estúpida e innecesaria.

—Es cierto —respondió suavemente.

Pero no me contestaría a ninguna pregunta más. Se sentía demasiado vacía. El recuerdo de aquellas antiguas presiones era más de lo que su armazón emocional estaba dispuesto a soportar. Cuando le pedí que me diera detalles, se quedó silenciosa. Su propio abuso de mí —la violencia emocional que suponían esas falsedades— continuaría.

Estuve sentado solo durante una hora, tratando únicamente de asimilar la revelación. Yo era canadiense. De cualquier modo no tenía ningún derecho de nacimiento, ni ninguna ascendencia tradicional, ¡y ahora descubría que también había estado imaginándome mi nacionalidad!

Aspiré una larga y despaciosa calada de humo de mi cigarrillo. No sabía del todo cómo sentirme.

Cyrus continuaba decayendo; y con el tiempo me encontré repantigándome en la silla contigua a la suya, mientras miraba las peleas y los juegos de hockey en nuestro viejo televisor a blanco y negro que teníamos en el piso. Pocas veces hablábamos el uno con el otro, a menos que fuera para intercambiar comentarios acerca de personajes o equipos deportivos, y de su relativa valía o falta de mérito. No obstante pasar juntos tantas horas —Cyrus tragando cervezas y ambos fumando innumerables cigarillos—, nunca abrimos una línea de comunicación. Era ya demasiado viejo para pegar, estaba demasiado enfermo para insultarme con su antigua pasión; pero ahora no había ninguna alternativa razonable, así que nos quedábamos sentados en silencio.

Para mí, era como si nos estuviéramos acercando. Nunca había conocido aquella sensación —la de ser tolerado—, y la interpretaba como una relación. Durante los últimos años de su vida, realmente llegué a sentirme próximo a él —aunque había poca agradable evidencia de aceptación.

Cyrus era todavía, y por siempre, el quejoso. "¡Cómo demonios llegaría a mezclarme con este maldito equipo!" —gritaba a menudo cuando su grado de irritación subía lo suficiente. Se veía a sí mismo como una víctima de la vida, asignado por la suerte para llevar la carga de esta singular familia y todo el complemento de las dificultades económicas. Y revolcándose en esta detestable clase de compasión propia, su salud empeoraba cada vez más.

El encargado de la Fábrica Textil Penman se irritó con el viejo, por sus continuos achaques y por lo mucho que faltaba al trabajo. El piso retumbaba con su temblorosa tos, con los ruidos guturales de un hombre que muere lentamente.

Cuando su fragmentada familia no pudo proveer ya bastante cuidado inmediato, mamá y yo le ayudamos a llegar hasta el automóvil y le condujimos al hospital. A la puerta fuimos recibidos por una enfermera de uniforme blanco con una silla de ruedas. Mientras Cyrus se dejaba caer pesadamente en ésta, sentí una rara y curiosa clase de compasión —un dolor humilde por este, en otro tiempo, ogro gigante, que ahora estaba demasiado débil para arrastrar sin ayuda los pies por el pasillo enlosado. Yo mismo empujé la silla, y mi mente giró a la par que aquellas grandes ruedas con radios. Había sido tan fuerte. . . un baluarte tal de poder imponente. . . e incluso después de los años de abusivas palizas, yo de algún modo admiraba su fuerza. Sin embargo, ahora, al mirar hacia abajo por encima de su cabeza calva, podía ver las débiles venas de sus brazos, las profundas arrugas en sus manos, la carne floja que colgaba de lo que antes fuera un poderoso esqueleto. Me dio pena.

La ciencia médica llegó demasiado tarde con su demasiada pequeña habilidad. Los venenos mezclados del alcohol y el odio habían causado su daño irreparable, y el proceso degenerativo era irreversible. La incomodidad degeneró en agonía, y el refunfuñar, en silencio. Ahora Cyrus yacía acostado en la cama del hospital, con las sábanas estiradas sobre él como si se tratara de la envoltura de una rendición silenciosa.

Mamá y yo le visitábamos a menudo. El siempre estaba consciente, lo cual hacía que el tipo de muerte resultara todavía más lastimosa. Yo me quedaba sentado escuchando las maldiciones y los gruñidos ocasionales —era un cambio tan grande en relación con el rugir de años atrás. . . Cyrus estaba tan desvalido, tan quebrantado. . .

La mayoría del tiempo, sin embargo, permanecíamos sentados en silencio, escuchando los latidos de nuestros propios corazones y la respiración trabajosa de Cyrus. Fue durante uno de aquellos silencios que vi cómo sus cansados ojos amarillos giraban primero hacia mí, y luego hacia mi madre. Ella supo lo que le estaba diciendo, y se volvió en mi dirección con una ligera mirada de agrado.

—Maury —expresó sosegadamente—, a Cyrus le gustaría que cambiaras tu apellido por el de Wick.

Me quedé mirándola, totalmente conmocionado e inmóvil. Nunca se me habría ocurrido pensar que, después de más de una década de discriminación impuesta, el viejo me invitaría a adoptar su apellido. Muy pocas veces me había pasado por la mente, aun mientras era pequeño, ni siquiera el desearlo —y ahora, cuando Cyrus se estaba desvaneciendo poco a poco en la eternidad, me extendía aquel ofrecimiento extraño e inesperado.

Desde luego que no lo había expresado él mismo —por lo menos de una manera verbal, ni a mí directamente. Eso nunca hubiera podido suceder. Cyrus jamás había llegado a saber lo que era hablarme directamente en la forma en que dos seres humanos adultos conversan el uno con el otro en circunstancias normales. Y aun en aquel último gesto de atención, no pudo mostrar la cortesía que convenía a la ocasión. En vez de ello, le habló a mi madre —la eterna intermediaria—, y ésta me transmitió la preciosa invitación en su presencia.

A aquellas alturas, sin embargo, yo estaba por encima de toda malicia. No tenía ninguna respuesta cínica que dar, ningún comentario airado de resentimiento que derramar sobre él. Cyrus me había exprimido todo aquel terrible potencial años antes, mediante una dieta de absoluta intimidación.

No podía contestar a la declaración, aunque mamá y él me miraban esperando una respuesta. ¡Qué cambio tan tremendo suponía adoptar el nombre de Maury Wick después de diecisiete años de llamarme Maury Blair! No sentía ninguna distancia forzosa entre mí mismo y el nombre, ni me encogía ante el pensamiento a causa de todo lo que simbolizaba. Tales sentimientos habían sido raspados y raídos de mí con el paso de los largos años. Ahora, lo único que experimentaba era una extraña sensación de enajenamiento; como si a Maury

Blair le hubieran sucedido demasiadas cosas para que él de repente echara de sí su nombre y tomara otro —cualquier otro.

Quizás se trataba del abuso final. Cyrus ya no podía golpearme, y con mi puesto de hijo mayor residente en la casa, tampoco le era posible pasarme por alto; así que quería despojarme de la única posesión a la que había conseguido aferrarme para que fuera mía: mi identidad.

Le agradecí cortésmente el que me hiciera tal ofrecimiento; pero no podía comprometerme. Me sentía reacio a abandonar mi nombre, ya que era la única cosa en la vida que podía considerar mía de verdad. Entonces mamá, amablemente, cambió de tema.

El fin era inevitable; y durante las últimas horas, después de que los médicos menearon la cabeza con tétrica desesperanza y salieran de la habitación por última vez, yo permanecí solo en el pasillo, al otro lado de la puerta, sentado en una silla de madera y escuchando cómo los horribles sonidos de la muerte conquistaban su vida. El león se estaba muriendo.

Le oí exclamar casi delirante: "¡Dios mío!"; y aunque yo no tenía una relación con el Todopoderoso, no obstante oraba que el viejo pudiera hacer las paces con él. Si había algún tipo de redención disponible en la eternidad para una vida tan malgastada, deseaba que en esos momentos tuviera acceso a ella. No más sufrir por sufrir.

Cuando la enfermera salió y anunció que había muerto, yo, levantándome, entré hasta los pies de la cama. Allí yacía, silencioso y quieto, como había estado durante días, con su bigote teñido por la nicotina exactamente del mismo color marrón amarillento que los dedos índice y mayor de su mano derecha. La miseria había terminado. El monstruo furioso, tan terrible cuando vivía, estaba ahora tendido torpe y lastimeramente en su muerte, después de que una fuerza más grande e incluso más terrible le hubiera sorbido la vida.

Al día siguiente me llamaron para que fuera otra vez al hospital a recoger su sombrero y su abrigo. Fue difícil para mí mantener la serenidad mientras llevaba aquellas prendas vacías por el pasillo y las sacaba del edificio. Cyrus se había esfumado; toda su dureza había tenido por último que someterse. Al considerar aquel final inútil de una vida también inútil, sentía una lánguida tristeza en mi corazón.

En el funeral, observé pasar la procesión mientras cada participante me daba la mano como correspondía, advirtiendo con un destello momentáneo en sus ojos que sí, yo era el raro, aquel que Cyrus odiaba. Lud y Selma se encontraban allí, procedentes de los terribles y lejanos años pasados. No reconocieron problemas anteriores, sino que se limitaron a realizar los gestos acostumbrados de un entierro. Otros vinieron también y dijeron los fragmentos que se esperaba de ellos, cumpliendo con su obligación.

Fue un funeral anglicano, de acuerdo con la herencia religiosa de Cyrus perdida tanto tiempo atrás, que se celebró en la funeraria con las debidas dosis de solemnidad y pensamiento positivo. Pero yo oí poco del empaquetado sermón del ministro. Estaba mirando al féretro, al rígido perfil del hombre que tal caos trajera a los primeros años de mi vida, y comprendía cuál era el rasgo de su personalidad que le había redimido en cuanto a mí. Allí yacía inmóvil, como un bloque de carne sin vida, y por su misma inmovilidad me revelaba la cualidad suya de la que había llegado a depender: él siempre estaba presente.

De una manera perversa, Cyrus se había convertido en una fuente de seguridad para mí. Me inspiraba miedo, incluso pánico; hacía que me dieran retortijones en los intestinos; destruía uno tras otro los años formativos de mi vida. . . pero, a pesar de todo, siempre estaba allí. Siempre había estado presente, como un centro —una fuente de uniformidad. Mamá iba y venía, dejando la casa durante semanas enteras, alocada, irresponsable y acosada por el sentimiento de culpa. Los medio hermanos se habían ido poco a poco con el paso de los años, sólo Cyrus permanecía.

Se trataba de una uniformidad que yo necesitaba, una estabilidad que mi deformado ser interno había de tener para aguantar y sobrevivir hasta la edad adulta. Sin embargo, ahora, mientras el armazón del viejo yacía sobre los cojines de raso blanco, me daba cuenta de que la roca había sido finalmente aplastada. Aquella piedra angular de seguridad, sin importar cuán poco sólida o cuán destructiva hubiera podido ser, siempre había estado presente en mi vida —hasta entonces. Ahora tendría que encontrar ese cimiento de seguridad, esa esperanza, esa consistencia, en algún otro sitio.

Mamá estaba aturdida por la pérdida de Cyrus, a pesar de que hacía tanto que ésta se esperaba —e incluso a pesar de que debía traerle a ella por lo menos una cierta medida de alivio. Sus instintos le decían una vez más que huyera.

Yo detestaba la idea de abandonar París, de un modo particular precisamente ahora —con la ligera sacudida causada por la muerte de Cyrus, mi trabajo firmemente establecido en la fábrica de tejidos, y la vida a punto finalmente de hacerse más fácil. Pero mamá insistía, nerviosa, turbada e incómoda. Ella quería huir, escapar, mudarse a otro lugar.

Una sucesión de movimientos desafortunados ennegrecieron los meses siguientes. Primeramente, guardamos nuestros gastados muebles en el sótano de Rosa y nos dirigimos a Flint, donde una de las hermanas de mamá que vivía allí pensaba poder conseguirle a ésta un empleo en los grandes almacenes donde ella trabajaba. Una vez que ambas estuvieron dentro, comenzaron a tratar de encontrar una posición para mí. Pero yo pasé semanas sentado en casa, esperando, aburrido, inquieto, y malhumorado.

Por último pude obtener un puesto en el departamento de envíos de aquellos grandes almacenes. Como extranjero canadiense sin permiso de trabajo, volví a la vieja mentira de mamá y le dije al personal de la oficina que había nacido en Ohio; y cuando un equipo estadounidense derrotó abrumadoramente a otro canadiense, y mis compañeros de trabajo hablaron despectivamente entre ellos de los "estúpidos *canucks*", tuve que morderme la lengua.

Pero aquel era un trabajo aburrido, y yo anhelaba volver al mugriento París. Me alegré cuando mamá cambió de opinión acerca de las cualidades de Flint, en el estado de Michigan, y decidió que quería volver al Canadá. Luego oímos que había trabajos en Ontario; pero fuimos allí, y en pocos meses descubrimos que no era así. Por último completamos el círculo y entramos de nuevo en París caminando pesadamente. Una vez allí, nos mudamos al piso de arriba de la casa de un amigo hasta que pudiéramos encontrar una vivienda propia.

Mamá conocía a un hombre del pueblo que alquilaba casas, pero la única que tenía disponible en aquel momento era una que había sido declarada en ruinas por funcionarios de Salud Pública; sin embargo estuvo de acuerdo en que nos quedáramos allí a escondidas durante un par de semanas hasta que surgiera otra cosa.

Pero aquella otra cosa nunca surgió, y la casucha se convirtió en nuestro hogar.

Se trataba de la casa pequeña y fea emparedada entre dos grandes y bonitas, del tipo en el cual uno se sentía avergonzado de que le vieran entrar; además conocíamos a algunos vecinos en la zona, lo que hacía el asunto todavía menos agradable. Nuestro alquiler era vergonzosamente bajo, pero aun así suponía una carga. Vivíamos del seguro de desempleo, y parecía que no hubiera ningún trabajo para nosotros en parte alguna del continente.

La casa era endeble y estaba mal construida, hasta el punto de que los funcionarios de Salud Pública habían decretado que nadie viviera en ella mientras no se llevaran a cabo reparaciones importantes; pero el propietario no tenía el dinero necesario para repararla. Los listones de las paredes se habían encogido y combado; y el viento silbaba sin impedimiento a través de ellos. El enlucido de las habitaciones del piso de arriba estaba totalmente roto, y dejaba a la vista a las laboriosas mamás pájaros que daban de comer a sus pequeños en acogedores nidos de pared. Pero yo me había convertido en la cabeza del hogar, y tenía deseos de trabajar. El ambiente ya no estaba fuera de mi control, así que con energía me dediqué a mejorarlo. Mis hermanos más pequeños y yo derribamos un tabique para ensanchar el estrecho salón, reparamos otras paredes y pintamos de nuevo la deprimente fachada.

Con todo eso, yo tenía diecinueve años pero estaba aún sin futuro; y era acosado por una vaga y persistente soledad —un hambre interior que se negaba a ser saciada. Me estiraba en mi cama al lado de la solitaria lámpara y pasaba interminables horas en la lectura de libros inútiles mientras daba vueltas al botón de sintonización de mi polvoriento radio. Me gustaba la música rock, y a veces el jazz; pero siempre me encontraba desintonizando el programa de Billy Graham, quien invariablemente interrumpía lo que oía —especialmente los domingos por la noche— con su repulsiva *Hora de Decisión*.

Entonces una amiga de mi madre le pasó a ésta cierto

libro; y mamá, según su costumbre, me lo dejó a mí. Se trataba del pensamiento positivo, o de algo por el estilo, y aquella amiga pensó que sería de ayuda para la oprimida Alicia. Mamá lo hojeó distraídamente y creyó del mismo modo que podía servirme de estímulo a mí.

Luego vino la explosión.

CAPITULO NUEVE
Reacción en cadena

*Porque de tal manera amó Dios al
mundo, que ha dado a su Hijo unigénito,
para que todo aquel que en él cree, no se
pierda, mas tenga vida eterna.*

—Juan 3:16

Realmente se trataba sólo de otro libro más en una línea de ejemplares consumidos por aburrimiento bajo la débil luz amarilla de mi lamparita de noche. Me puse a hojearlo con el mismo apocamiento deslustrado con el que había comenzado a leer docenas de otros libros.

En aquel momento no había en mi vida ninguna crisis que pudiera engendrar algún interés especial —alguna búsqueda ansiosa de la respuesta en las páginas de ese libro más que de cualquier otro. Toda mi vida había sido una crisis, y ningún libro —ni tampoco ninguna persona, institución o filosofía— trajo jamás solución. Yo era una víctima apática de los caprichosos duros golpes de la vida. En realidad puse el libro a un lado durante varios días, a menudo, lo miraba, pero siempre, conscientemente, decidía no cogerlo y comenzar a leerlo.

Quizás fue esta extraña calma, la falta de cualquier tipo de pánico o de desastre, lo que preparó mi camino espiritualmente y me atrajo. Más tarde habría de comprender que, por la razón que fuera, me hallaba dispuesto para absorber aquello que leí en esas tranquilas y silenciosas horas de la noche tirado en mi cama.

Mientras las palabras, las frases y los párrafos pasaban unos tras otros, descubrí que había movimiento: por medio de aquel libro estaba yendo a algún sitio en el cual no había estado nunca antes. En aquellas páginas leía Escrituras, citas de la Biblia en un contexto de idioma comprensible, edificante y razonable.

Y todo ello me estaba diciendo una cosa: Dios te ama.

—¡Eso es! —me dije a mí mismo— ¡Aquí está lo que he andado buscando! —¡Dios me ama!

Cada vez que ese concepto saltaba de nuevo de la página, yo experimentaba el cálido aflujo de la revelación, de una fresca y dichosa comprensión, y de la gratitud. ¡Dios me amaba! El Dios del cual había oído hablar, a quien había aprendido a orar en el coro de niños en los Cadetes del Evangelio, al que le había suplicado ayuda durante aquellas noches frías fuera de la casa —ese Dios me amaba.

Se trataba de un pensamiento tan nuevo, que le di vueltas una y otra vez en mi cabeza; como si fuera una enorme y gloriosa manzana roja brillante que hubiera que examinar, y de la que hubiera que maravillarse durante unos largos y deliciosos minutos antes de comenzar extáticamente a comerla. Dios me amaba. Dios amaba a la rata mojada, atrapada durante años en un sitio donde no se la quería; al animal obligado a salir adelante por sí mismo en las calles, comiendo fuera de la casa, en el piso de arriba, o no haciéndolo en absoluto. Dios amaba a aquel desconsolado niño —a aquel hijo del dolor, nacido de la pasión trágica y criado en apasionada tragedia. Dios me amaba.

Si alguien me hubiera estado observando mientras

comenzaba la transformación, habría detectado poco cambio en cuanto a lo físico: quizás un desplazamiento sobre la cama, una flexión no premeditada de los músculos de la pierna, pero nada más. No proferí palabra alguna, pero en mi interior me estaba estirando para recibir aquella nueva comida espiritual extraña y fantástica. ¡Era asombroso que el Dios supremo, Creador del universo, me amara!

No comprendía lo que me estaba sucediendo. Lo más cerca que había llegado nunca del verdadero amor era desear que me quisieran; y poco se podía comparar con aquello. Ahora, a pesar de mi ignorancia que se esforzaba por comprender, y de no ser capaz de entender la experiencia que estaba teniendo, sabía que quería más, y que deseaba que durara —como el pajarillo recién nacido que abre su pico de par en par con objeto de recibir la comida de su madre.

Nadie me había hablado; y de todas formas yo no hubiera comprendido aquella jerga. Los clichés que aparecían en ese libro no tenían ningún sentido para mí; lo único que podía recoger era el hecho conmocionador de que Dios me amaba, de que él me conocía personalmente y quería tener una relación individual conmigo —que deseaba ser mi amigo y protector. Yo no oí ningún sermón, ni escuché música cristiana; sencillamente fui salvo.

Mamá detectó el cambio en mí al instante. Mi cara, que antes era ceñuda y sombría, ahora estaba despejada; y había una luz en mis ojos —un pequeño rayo luminoso que crecería más y más a medida que los días fueran pasando. Le hablé del impacto que había sentido la noche anterior, y su cara reaccionó mostrando un gozo comedido pero muy real —quizás se retuvo por haberse acostumbrado a recibir malas noticias en lugar de buenas y decepción inmediatamente después de alegría.

Más tarde anduve decididamente hasta la biblioteca local, determinado a encontrar más de aquello. Para mí, la sección religiosa jamás había existido antes de entonces —en primer lugar, casi nunca había estado dentro de una biblioteca—; pero ahora se trataba de una animada plaza de mercado donde se podía tener acceso de nuevo a la asombrosa corriente de poder espiritual. El límite de libros que se podían sacar era cuatro, así que cogí esa cantidad de volúmenes que parecían prometedores y fui hasta el mostrador. La bibliotecaria me conocía, y después de mirar las cubiertas de los libros levantó su vista hacia mí con una cara sin expresión.

—Estos son libros religiosos —dijo en un tono que hacía juego con su rostro.

—Sí —contesté con la misma monotonía.

—¿Te los vas a llevar? —me preguntó, mientras en sus ojos se reflejaba una versión muy reprimida de pasmo.

—Sí.

La mujer volvió a mirar hacia abajo, a los libros, e hizo una pausa sólo durante un momento más.

—Muy bien —expresó por último, comenzando a sellar las fechas de devolución en cada uno de ellos.

Tales fechas de devolución eran innecesarias. Yo permanecí despierto toda la noche, sin jamás caer en la fatiga, cada vez más vigorizado por el giro asombroso que tan repentinamente había dado mi vida. Leí con atención página tras página, capítulo tras capítulo, de los cuatro libros. Estaba corriendo hacia adelante a toda velocidad desde mi línea de salida personal —donde no conocía prácticamente nada de la personalidad ni del carácter de Dios—, deshaciendo la pista para aprenderlo todo —tanto como un hombre pudiera en una sola noche de lectura. Cada nueva revelación me elevaba a un plano diferente de satisfacción renovadora; y a pesar de ello estaba lejos de sentirme satisfecho. Cargando de frente a través de las densas horas de la madrugada más temprana, me colmé del deleite de conocer a un Dios personal, y seguí llenándome y llenándome. . .

A la tarde siguiente me enfrenté de nuevo a la bibliotecaria, con los mismos cuatro libros en las manos listos para ser entregados.

—¿No te han gustado? —me preguntó, implicando con su cara— "Ya te lo dije".

—Sí, me han gustado mucho —respondí con una sonrisa.

Ella se quedó sorprendida: —¿Cuándo los leíste? —volvió a interrogarme.

—La noche pasada.

—¿Todos?

—Sí —dije asintiendo con la cabeza mientras hacía una mueca de satisfacción.

Abandoné el mostrador, dejando a la bibliotecaria ligeramente atónita sobre los cuatro libros, y comencé a buscar mis cuatro adquisiciones siguientes.

Noche tras noche la escena se repetía en mi cuarto: la lámpara, los libros, y el niño muerto de hambre engullendo los dulces recién encontrados. Mi madre, cada vez más complacida de ver que aquella adicción maravillosa arraigaba tan profundamente, me animaba a seguir leyendo; y cuando me sentí frustrado al encontrarme con pasajes de la Escritura citados en mis libros y no tener una Biblia propia, ella desenterró la vieja de su difunta madre —una de las primeras ediciones de hojas sueltas jamás impresas— y me la traspasó para que la estudiara. Estaba llena de antiguas notas de mi abuela y de mamá en sus días de evangelista.

La Biblia fue un comienzo todavía más nuevo, al empezar yo a ver en la Palabra cosas que me habían estado sucediendo; experiencias propias confirmadas en la Escritura: "¡Si alguno está en Cristo" —leí en la carta del apóstol Pablo a los Corintios— "nueva criatura es;

las cosas viejas pasaron; he aquí todas son hechas nuevas!"

También leí acerca del encuentro de Cristo con Nicodemo, en el Evangelio de Juan, y me di cuenta de que yo había nacido de nuevo al aceptar el amor de Dios por mí mediante el sacrificio de su Hijo. Fue un hermoso amanecer para mí.

La *Hora de Decisión* de Billy Graham, en otro tiempo repulsiva, se convirtió en mi ministerio radiofónico: y yo constantemente daba vueltas al disco empeñado en sintonizar aquellos programas que antes había evitado con actitud irritada.

Y continuó la lectura voraz. Subía al piso de arriba y me tiraba en mi cama para fumar cigarrillos y leer libros acerca de Jesús. Me sentaba a la mesa de la cocina en la planta baja con una taza de café y hacía lo mismo. Allí donde pudiera encontrar un grado razonable de quietud, siempre que me era posible dejar a un lado las menudencias de la vida cotidiana las cuales ahora me parecían tan inconsecuentes, me ponía delante de otra página de la Escritura y comenzaba a "bebérmela".

La revelación del amor de Dios por mí seguía abrumándome. No se ponía rancio ni se enfriaba con el tiempo; sino que continuamente sentía la renovación de su vida dentro de mí, al comprender y luego reconocer una y otra vez que él me veía en toda mi debilidad y con todas mis faltas e imperfecciones, y que aun así me aceptaba.

Hora tras hora estudiaba y oraba, buscando la comunión profunda con mi Señor; y una vez que había absorbido tanta lectura como podía en una sentada, bajaba hasta un par de casas en el río y me apoyaba en la valla. Entonces, mirando el agua mientras el sol sumergido en ella desaparecía, meditaba en las verdades que había leído y en lo que estaba sucediendo en mi interior; reflexionaba en la grandeza, la bondad y la compasión del Padre Celestial. Por algún tiempo no quería estar con gente, sino únicamente con mi Padre, a solas con él, para aprender más acerca de su persona después de tantos años de aislamiento de su presencia. Quería hallar su corazón, e ir adonde éste estuviera. Durante semanas y meses viví en el resplandor de esa nueva relación, del carácter de hijo que había descubierto.

Y Dios me demostró su amor y omnipotencia gráficamente. Al continuar agotándosenos el dinero, nuestra reserva de combustible menguó; y cuando por último tuvimos sólo la cantidad de madera suficiente para activar la estufa central de la casa, todos nos reunimos alrededor de ésta con objeto de pasar la noche glacial. Mientras tanto, yo oraba que Dios proveyera. A la mañana siguiente, un hombre de la localidad pasó por allí para pedirnos un favor. ¿Podíamos probar una cantidad de madera verde suficiente para toda una temporada antes de que él le comprara un cargamento mayor a su proveedor? Sobrealimentado con aquella confirmación del poder amoroso de Dios, comencé a descargar el enorme montón de madera de la carretada.

Pero yo tenía mucho que aprender, aun después de semanas y meses de estudio concentrado, de oración, y de complacerme en la luz. Todavía no había descubierto la fuerza que viene de las relaciones humanas dentro del Cuerpo de Cristo; aún no conocía la importancia de la comunión fraternal, de la oración intercesora, de aprender de aquellos a quienes Dios unge como maestros y líderes. No comprendía la adoración en el sentido colectivo, ni tenía la menor idea acerca de las interrelaciones de los cristianos. Todo esto hizo que mi primer revés fuera tanto más doloroso y solitario.

Cierto domingo por la tarde me encontraba dando un paseo despacio hacia el centro de París, arrastrando los pies y cayendo en la depresión. Satanás me estaba alimentando con su lado de la historia. Yo me hallaba marcado de cicatrices en mi interior, con toda una vida de dolor escrita en mi corazón. Los hábitos me tenían atrapado, y me veía a mí mismo como un espécimen depravado. Y al permitir que mi mente diera vueltas a mi propia persona, había llegado a considerarme demasiado sucio para tener ningún valor en la familia de Dios. Allí estaba la fealdad de ser hijo ilegítimo, lo cual había terminado por conocer claramente a pesar de las malconcebidas historias de mi madre. También veía los años de pecado: años en los que no hice caso de los constantes toques de conciencia, que ahora reconocía como la obra del Espíritu Santo de Dios. Había tanto mero antecedente de que ocuparse... Y yo luchaba con su peso.

Incapaz de soltar la carga, y reacio a llorar abiertamente, me quedé en la esquina de una calle céntrica y levanté la vista en la dirección general del lugar adonde imaginaba que él estaba.

—Dios —dije de plano—, quita mi nombre de tu libro. No puedo seguirlo soportando por más tiempo; sencillamente bórrame.

No quería dejar atrás a Dios; ni deseaba nada que no fuera la nueva vida que había experimentado con tan exuberante satisfacción a lo largo de los últimos meses. Pero las insistentes acusaciones de Satanás me habían convencido: no tenía elección; no era suficientemente bueno para Dios, y nunca lo sería. Era demasiado tarde.

Con mi incipiente comprensión del carácter de Dios, pensé que la fiesta había terminado. Creí que continuaría caminando, terminaría en mi habitación y volvería a la triste vida de antes —porque Dios seguiría mis instrucciones. Me dolía el corazón; sin embargo esforcé mis emociones y decidí sobrevivir a la pérdida

—exactamente como había sobrevivido a todo lo demás en mi vida.

Más tarde me tiré descuidadamente en la cama y estiré la mano para alcanzar el botón sintonizador del radio —me figuraba que para volver al viejo "rock and roll" y ahogar mi dolor en el sonido de los tambores.

Pero mi Padre me había reclamado, y no estaba más fuera de su vista o de su pensamiento que Billy Graham mismo. Al encender el radio, se empezaba a transmitir la *Hora de Decisión*, y el coro cantaba "Cuán grande es él". Fui cautivado por el sonido de la canción, y permanecí echado, quieto, sin desintonizarla; antes bien "bebiéndola".

Después de la música, Graham se adelantó al micrófono y comenzó a predicar. Cada palabra se me quedaba pegada. "Uno no se aparta de Dios así por así" —repetía vez tras vez. Y mientras hablaba, yo casi podía ver a mi Padre Celestial sintiendo el mismo dolor del rechazo que yo mismo había experimentado en otro tiempo. Por poco le veía llorando al tiempo que me alejaba de él en la esquina de aquella calle céntrica. Pero Dios simplemente no se había quedado quieto, ni tampoco había caminado en la otra dirección: sino que me había seguido. Me siguió todo el tiempo. Su infinito amor por mí no me dejaría escapar; me amaba demasiado para dejarme ir. Su mero dolor y mi mera depresión no le serían obstáculo. Mi Padre me amaba como a su hijo. Yo era suyo.

Me apreté la almohada contra la cara y comencé a llorar en voz alta ante Dios, pidiéndole que me perdonara, alegando locura temporal por haberle dado aquellas instrucciones en esa esquina.

—No lo decía de veras —exclamé una y otra vez—; no borres mi nombre del libro.

Oré sin parar durante tres horas, hasta que por fin sentí la certeza de la paz real; hasta que supe sin ningún género de dudas que Cristo se había comprometido conmigo de una manera aún más cierta que yo con él. Cuando me di cuenta de que no me había renunciado a mí, a pesar de que yo traté de renunciarle a él, toda mi forma de ver las cosas cambió; y comencé a vivir y a actuar con aquella fuerza segura del compromiso: Sencillamente Jesús no recoge y se va; sino que se queda —se queda después de que todos los demás se han marchado. ¡Se queda aun cuando tú te has ido! La eternidad es su único calendario. El no te abandona de un día para otro.

Aquello fue mi florecimiento. Nunca miré atrás; por fin había encontrado una fuente eterna de combustible para la vida: el amor de un Padre Celestial. Mamá me quería, pero no siempre había estado presente. Cyrus siempre estuvo allí, sin embargo nunca me amó. Yo jamás había conocido algo como lo que ahora estaba experimentando; pero eso que ahora experimentaba me hacía tambalear de gozo. La vieja persona que había en mí se iba desprendiendo, y los hábitos y las inseguridades se mudaban como la piel afectada por una antigua quemadura del sol.

Una reacción en cadena de locomotora había comenzado. Empezamos a asistir todos los fines de semana a la escuela dominical pentecostal cercana. Al principio me resultó un poco aterrador; ya que pensaba que todo el mundo se volvería para fijar la vista en Maury Blair y decir: "¿Qué está haciendo *éste* aquí?" Pero el primer domingo por la mañana, mientras esperábamos sentados a que comenzara la clase, sentí una amistosa mano sobre mi hombro; y al darme la vuelta vi al pastor, Jaime Ozard, que puesto de pie me sonreía.

—Hola, ¿cómo estás? —preguntó.

—Bien, gracias —respondí tiesamente.

—Tenemos una clase de jóvenes arriba, ¿te gustaría unirte a nosotros? Nos alegraría que estuvieras.

Yo me hallaba demasiado sorprendido por aquella cordial invitación para aceptarla.

—No, gracias, me quedaré aquí.

—¿Estás seguro? —preguntó de nuevo, todavía sonriendo con facilidad— Nos encantaría tenerte con nosotros.

—No, gracias.

Acto seguido me di la vuelta en mi silla, deseando haber respondido de un modo distinto.

A la larga, la calurosa franqueza de Jaime me atrajo, y terminé sentándome bajo su magnífico ministerio personal en una clase compuesta por jóvenes aproximadamente de mi edad. Con el tiempo, Jaime Ozard se convertiría en mi consejero y amigo más apreciado.

Mi entusiasmo se extendió por toda nuestra casa, y mis hermanos y hermanas empezaron a asistir a la escuela dominical con mamá y conmigo; hasta que por último tuve el valor suficiente para preguntar a Jaime si podríamos asistir a un culto un domingo por la noche.

Jaime se quedó asombrado por la pregunta.

—¿Si pueden. . .? ¡Estaríamos encantados de tenerlos allí!

Me sorprendí de que no hubiera vacilación alguna, ni pausa para considerar las ramificaciones que tendría el invitar a "esos Wick" a un culto de adoración en aquella respetable iglesia. Pero no, Jaime nos abrió los brazos de par en par, y toda la familia fue arrastrada adentro por el amor del pastor y de su gente.

Semana tras semana bebí de aquel precioso vino nuevo, alimentándome de la enseñanza de las Escrituras y de la hasta entonces desconocida comunión de los creyentes. No obstante, mientras me esforzaba por vivir según lo que estaba aprendiendo, me di cuenta de que necesitaba más de Dios; y oré para ser bautizado en el Espíritu Santo. Aquella fue una experiencia hermosa y tranquila, a solas en mi habitación, que me hizo doblar una esquina espiritual más, dándome un empujón de esperanza y energía renovadas en mi vida cristiana.

Dios me proveyó de otras ayudas en mis primeros días como creyente. Conseguí un trabajo en la Fábrica de Tejidos Wincey, descubriendo más tarde que mi supervisor Juan Richardson, era cristiano. Mi hermano Marcos ya había trabajado a las órdenes de Juan, estableciendo una terrible reputación; y éste se aventuró al contratarme, antes de que ninguno de los dos supiera que el otro era creyente. Cuando al domingo siguiente por la mañana nos vimos en la iglesia, fue el comienzo de una maravillosa amistad.

Al volver mis otros hermanos a casa en forma periódica, se quedaban asombrados del cambio tan evidente que había ocurrido. Yo había comenzado a orar fervientemente de un modo especial por Marcos y Francisco, seguro de que si Dios podía salvarlos a ellos, era capaz de salvar a cualquiera. Marcos estaba en la marina, viviendo una vida impía y pendenciera; y cuando vino de permiso a casa, se sintió asqueado al saber que estábamos orando por él. Cierta tarde, mientras sentado a la mesa de la cocina leía mi Biblia, él tomó también asiento frente a mí con una botella de licor y empezó a ridiculizarme, de igual modo que todo lo referente al cristianismo, al tiempo que bebía todo el contenido de la botella. Cuando se quedó sin licor, se puso en pie para ir a buscar más, pero inmediatamente perdió el sentido. Le ayudé a subir hasta su cama, y a la mañana siguiente bajó a desayunar y me encontró de nuevo leyendo la Biblia. La caza había comenzado; Dios no soltaría a Marcos.

Acosado por el poder de convicción del Espíritu Santo, Marcos actuó de manera caprichosa al volver a su servicio en la marina; y pronto se encontró bajo la observación de un siquiatra de la armada. Después de unas pocas sesiones, el doctor declaró: —Wick, hay algo que necesitas hacer y no lo estás haciendo. Sea lo que sea, lo mejor es que lo hagas.

Más tarde, Marcos volvió a casa a pasar las vacaciones de Navidad, y su plan para la noche de despedida de año consistía en invitar a salir a una antigua novia suya. La chica no tenía un matrimonio feliz, y mi hermano pretendía redimir su día de fiesta. Mamá y yo comenzamos a persuadirlo, junto con los hermanos y las hermanas más pequeños, presionándole sin piedad para que cancelara su cita y viniera con nosotros a la vigilia tradicional de fin de año en nuestra iglesia. A pesar de resistir todo lo que pudo, al final se dio por vencido.

Aquella noche, la presencia del Señor llenó el santuario de una manera poderosa, y a Marcos no le quedó ninguna resistencia, entregando su corazón y su vida incondicionalmente a Jesucristo, y comenzando a vivir una clase de cristianismo exuberante y lleno de vitalidad de allí en adelante.

Entre tanto, Francisco había estado viviendo en Michigan, y cuando nos visitó en París, le convencimos para que asistiera a una campaña en el Campamento Pentecostal Braeside, fuera de la ciudad —el mismo terreno que yo había cruzado con mis compañeros años antes arengando a los cristianos. Fue un culto poderoso, con un incisivo sermón por parte del evangelista invitado. Al final del mismo, cuando el predicador invitó a los pecadores en los estrados a entregar sus vidas a Cristo, Francisco se levantó y salió disparado hacia el frente. Durante un momento, me sentí aterrorizado, pensando que le iba a dar al evangelista una furiosa paliza; pero al acercarse al frente, cayó de rodillas y empezó a llorar. Dios cambió milagrosamente la vida de Francisco en aquellos momentos intensos.

Cada uno de los otros hermanos y hermanas habrían

de tener sus propias "horas de decisión" a medida que el toque amoroso del Padre Celestial redimía y restauraba los años perdidos.

Mamá estaba emocionada, ya que se daba cuenta de que a pesar de su debilidad personal, Dios había extendido su mano desde el cielo y tocado su familia.

También hubo momentos de prueba. En mi primera experiencia de testimonio por las calles, al repartir folletos evangelísticos a los transeúntes en el centro de París, algunos de mis antiguos amigos pasaron por allí y me escupieron para expresar su profundo desprecio. Pero día tras día Dios ministraba crecimiento y redención a una vida que sólo había conocido estancamiento y perdición. Con el tiempo me hice cargo de la enseñanza en una clase de la escuela dominical, del liderazgo del programa Cruzadas de la iglesia —para niños mayorcitos—, y llegué a formar parte de la junta de diáconos. Pero a pesar de eso no tenía bastante del Señor ni de su Palabra, por lo que me inscribí para hacer un curso bíblico por correspondencia con el objeto de descubrir aún más de esta nueva vida fascinante.

Mi frenética rutina empezaba cada mañana a las cinco, cuando me levantaba para comenzar mis estudios del día. Desde las siete hasta las cinco de la tarde, trabajaba en la fábrica; y luego volvía a casa para tomar una cena rápida. Si podía me echaba una siesta hasta las ocho y media; y luego volvía a los estudios —por lo general hasta la una de la mañana. Tras cuatro horas de sueño, el programa empezaba de nuevo, mientras yo soñaba con convertirme en el Apóstol Pablo del Siglo XX y cruzar el océano en barco para emprender una fabulosa empresa misionera.

Mi niñez había quedado muy atrás, y más aún el hombre que me engendró —el original Maury Blair. Pero un día me encontraría con él cara a cara.

CAPITULO DIEZ
"Usted no existe"

La menor desviación inicial de la verdad
se multiplica más tarde por mil.

—Aristóteles, hacia 375 A.C.

Mi acelerado ritmo de trabajo y estudio pronto me agotó, y acabé sentado, exhausto, en la consulta de un médico. El doctor me preguntó acerca del tipo de vida que llevaba, haciéndose pronto patente la causa de mi fatiga. Había estado considerando una posición como misionero en las calurosas Antillas, pero él lo descartó, insistiendo en que el calor acabaría conmigo en mi debilitada condición. También me habían ofrecido el pastorado de una pequeña iglesia. Sin embargo, no me sentía a gusto con la idea de ser pastor; especialmente estando soltero —y tampoco tenía ningún deseo de casarme, después de haber visto bastantes de los peligros que podía reservar el matrimonio.

Pero, en tal caso, existía la opción de ir a la escuela bíblica durante un año para descansar y estudiar.

—¡Eso es! —dijo el doctor chasqueando los dedos—, resultará perfecto para ti. Acepta mi consejo. Yo soy un viejo, y tú un joven. ¡Reduce tus actividades!

Abandoné su consulta preguntándome qué podía saber un médico acerca de cosas espirituales: y me dije a mí mismo que obtendría la dirección que necesitaba de Dios, y no de ningún doctor. Durante los días siguientes le supliqué a él desesperadamente. ¿Qué quería de mí? Entonces, el domingo por la tarde, mientras oraba sentado en el borde de mi cama, oí una voz que dijo: "Vas a ir a la escuela bíblica" —y a continuación escuché un ruido de un libro que se cerraba con un fuerte golpe.

Al instante me quedé dormido. Una hora después desperté: la ansiedad de la decisión había huido. Sentía una paz completa, y enseguida empecé a hacer planes para ir a la escuela bíblica.

El año que pasé en el Instituto Bíblico Pentecostal del Este en Ontario, resultó recuperativo y renovador. Los estudios me hicieron profundizar todavía más en la Palabra. Al mismo tiempo, mis compañeros de cuarto y yo encontramos la manera de hacer constantemente travesuras de estudiantes, gastar bromas amistosas tanto a los profesores como a los alumnos con exasperante desconcierto. En cierta ocasión mis mejores amigos —David Distaulo, Eduardo Morrison, y Douglas Hagey— decidieron casarme, organizando secretamente un "Día de Maury Blair", en el que salpicaron todo el terreno de la escuela con carteles que declaraban mi disponibilidad para el noviazgo. Entre luchas de agua y robos de ropa, mezclados con otras payasadas estudiantiles, apareció el Maury Blair tanto tiempo escondido. Y una vez rota por fin la concha de la melancolía y de la inseguridad, encontré dentro de mí a un Maury agradable y divertido.

Todo aquello se necesitaría para mi primera tarea después de salir del instituto: la de ser consejero en el ministerio residencial para jóvenes *Teen Haven,* en Montreal, Quebec, bajo el liderazgo del pastor Roberto Johnston. Allí se albergaba, se cuidaba y se guiaba al amor del Señor, a jóvenes que se habían perdido con el abuso de drogas o alcohol. A menudo se trataba de un trabajo tenso, caprichoso y perturbador —y sin aquella flexibilidad que había adquirido en la escuela, quizás nunca hubiera sobrevivido.

Según resultó, fue en *Teen Haven* donde Dios comenzó a revelarme cómo mi niñez, a pesar de lo horrible que había sido, podía ser utilizada por él como un vaso de ministerio a otros. Cierto día advertí a un jovencillo que haraganeaba por el centro, con aspecto abatido y sin dirección.

—¿Qué pasa Diego? —pregunté sentándome cerca de él.

El chico suspiró profundamente, y luego respondió:
—Bah, *tú* no entenderías nada acerca de lo que significa andar escondiéndose y huyendo.

Al escuchar sus palabras sentí una corriente de simpatía hacia él, y durante los minutos que siguieron le conté algo de mi historia. Diego me miró asombrado, no viendo a aquel niño despreciable que yo describía, sino a un hijo de Dios transformado. Aquello fue el comienzo de una nueva vida para él —y también para mí.

Desde aquel encuentro, he tenido innumerables oportunidades de compartir partes de mi pasado con jóvenes en dificultades, que creen —como yo en otro tiempo— que Dios ciertamente no podría jamás quererlos ya que ninguna gente los ha querido nunca. Y una y otra vez he visto el hermoso manantial de la revelación en las caras de adolescentes con problemas al comenzar éstos a sentir el infinito amor de un Padre Celestial —un Padre que ha estado allí todo el tiempo, únicamente pidiéndoles su amor.

Fue durante mi labor en *Teen Haven* cuando conocí a Bev, y por primera vez en mi vida consideré la posibilidad de dejar el celibato. Ya pasaba de los treinta, e iba bien avanzado en el camino de cumplir mi sueño en cuanto a emular la soltería del apóstol Pablo, cuando los grandes ojos castaños y la exuberante personalidad de Bev me hizo cambiar el paso.

Bev era el producto de un hogar cristiano, una señorita que amaba a Dios y muy divertida. Me encantaba estar con ella. Cuando me hallaba en su compañía me sentía en las nubes; y si lejos, mi mente volvía flotando hasta ella una y otra vez.

Sin embargo había algo en cuanto a mí que Bev tenía que conocer. No podía imaginarme cómo reaccionaría, pero sabía que jamás podría permitirme el que llegara a descubrirlo de alguna otra manera.

—Tengo que decirte algo —expresé vacilantemente un brumoso sábado por la tarde mientras caminábamos juntos. Empecé a decirle de mis razones para estar en *Teen Haven,* mis esperanzas de tener un ministerio entre jóvenes, y por último llegué hasta mi propia juventud.

—Cuando era joven tuve algunos problemas —dije con la esperanza de parecer que no le daba importancia a la cosa—. Era un hijo ilegítimo.

Bev me miró con una pregunta en sus ojos. Su herencia personal, que era muy decente y en cierto modo resguardada, no había incluido tal concepto, y el término le resultaba extraño.

—¿Qué quieres decir? —preguntó.

Se lo expliqué de la manera más delicada que pude, observando su cara todo el tiempo para ver si aquella nueva penetración la había de ahuyentar.

—Cuánto lo siento por ti. . . —respondió suavemente, insegura acerca de qué respuesta era la apropiada. Pero dentro de sí, su corazón rebosaba de compasión. Dios había ya comenzado a obrar en ella, y Bev oraba silenciosamente: *Sería maravilloso si yo pudiera hacer un hogar para él. . . si pudiera mostrarle otra cara de la vida. . .*

Sin embargo, antes de que aquello pudiera suceder,

Bev tendría que conocer más de mi antigua vida.

Mamá se alegró por mí cuando le dije que iba a casarme. Más tarde, varios de mis hermanos y hermanas se dieron cita en Cambridge, Ontario, para una reunión improvisada, y en aquel marco Bev y mi madre fueron presentadas la una a la otra. Se trató de un encuentro cortés con la única incomodidad embarazosa que por lo general la gente siente cuando conocen a futuros parientes.

Lo que abrió antiguas heridas fue el problema del acta de nacimiento. Bev se ofreció a solicitar nuestra licencia de matrimonio; todo lo que yo tenía que hacer era darle mi acta de nacimiento.

—No tengo —tuve que contestar. Había aprendido a hacerlo años antes, pero evitando cuidadosamente discutir el tema con nadie.

—Todo el mundo tiene una acta de nacimiento —replicó Bev—. Lo único que has de hacer es pedirla por escrito.

Pero mi madre no me había registrado, y por lo tanto no había ningún documento que pedir. Tendría que confrontar a mamá con el asunto.

—Ya sé que no me registraste, mamá —comencé sosegadamente; y pude ver cómo su cara languidecía de tristeza—, pero para casarme necesito una acta de nacimiento. ¿Qué tengo que hacer para conseguir una?

Ella respiró profundamente y dejó escapar el aire poco a poco. Su pasado, barrido tan a menudo debajo de la alfombra emocional, había emergido otra vez y levantado una polvareda.

—Podríamos ir a la oficina del registro civil y verlo —dijo mirando al suelo; y tal vez previendo la experiencia penosa que aquello supondría.

El jefe de los archivos era un hombre mayor y ceñudo, y cuando nos sentamos al otro lado de su escritorio terminó rápidamente con las preguntas sencillas

—nombre, edad, domicilio— pasando al material difícil.

—¿Por qué no se le registró al nacer? —requirió de mamá.

—Bueno —contestó ella vacilantemente—. . . nació en una casa, y fuera del matrimonio. . .

—Esa no es una razón para no registrarle —gruñó el hombre; y luego se volvió hacia mí— ¿Ha firmado usted alguna vez un documento legal?

—Pues. . . supongo que sí. ¿Por qué?

—Porque es ilegal, al no estar usted registrado —dijo bruscamente.

Mi mente repasó rápidamente la lista de documentos que había firmado: papeles de la hipoteca, de la financiación del automóvil, y docenas más.

—Ni siquiera pertenece usted a este lugar —continuó el hombre—. Al presente no es ciudadano de ningún país. No es de aquí, ni de ningún otro sitio.

Mamá se hallaba abrumada de dolor; y el jefe del registro civil estaba aprovechándose de su claro sentimiento de culpabilidad para hacerla sufrir otra vez por pecados de mucho tiempo atrás.

—En realidad —siguió diciendo—, usted no existe. ¿Cómo sabe que esta mujer es su madre? ¿Cómo puede ella probar que es usted su hijo?

Mi madre estaba allí sentada, humillada, y yo me sentía furioso.

—Escuche, amigo —le respondí agresivamente, da la casualidad de que ésta es mi madre, y si alguien tuviera que estar molesto con ella, ese sería yo —no usted—; así que haga el favor de tratarla con respeto.

El hombre se echó atrás sorprendido por la reprimenda, y seguimos tratando de dar con un sistema que le proporcionara algún fragmento de documentación en cuanto a mi existencia —mamá sugirió mi estancia en el hospital de London cuando era niño, acerca de la cual yo nunca había sabido nada. Cuando aquellos documentos llegaron a la oficina del registro civil, se produjo el acta de nacimiento la cual me fue enviada. Finalmente existía.

Sin embargo, más de mi pasado sería sacado a luz.

Bev y yo trabajamos juntos como esposo y esposa con creciente entusiasmo, primero en *Teen Haven,* más tarde en una iglesia de Hanover, Ontario, y a continuación en el centro de rehabilitación para jóvenes de *Teen Challenge* en Toronto. Bev fue mi "segunda revolución"; la compañera perfecta para ayudarme a crecer espiritual y emocionalmente después de aquella asombrosa "primera revolución" de salvación y redención. El toque amoroso de mi esposa me transformó una vez más, al colmarme con la plenitud de lo mejor de Dios mientras trabajaba a mi lado día tras día.

En Toronto, nació Lisa; y yo lloré al mirar a aquel diminuto bebé recién nacido. Era la primera vez que Bev me veía llorar, pero el torrente de emociones resultaba demasiado fuerte para retenerlo. Aquella chiquitina era mía —nuestra— y de Dios.

Mirando patalear a las minúsculas piernecitas, sacudir los menudos brazos, y la redonda carita tan llena de esperanza, me di cuenta en una forma nueva de lo misericordioso que es Dios. Yo había nacido en la miseria de un escándalo encubierto; sin embargo él me había permitido dar a mi propia hija una herencia transformada. Unos pocos años más tarde, después de que nuestro ministerio nos llevara a Vancouver, Columbia Británica, Laury seguiría a Lisa al llegar al mundo nuevo y más luminoso que Dios nos había dado.

En el centro de *Teen Challenge* en Vancouver, y con el tiempo como director del ministerio de esta organización en Toronto, me di cuenta de que Dios estaba llevándome a través de crisis en las vidas de otras personas que daban una nueva perspectiva a mi deprimente niñez. Mientras ministraba con los miembros de mi personal en festivales de rock y pasadizos, en esquinas de calles y dormitorios improvisados, encontré a jóvenes por todo Canadá que estaban cayendo más bajo cada día. Y las tragedias eran tanto más patéticas porque en muchos casos aquellos adolescentes se habían maltratado a sí mismos —no habían necesitado un Cyrus Wick. Muchos habían gozado del privilegio de tener unos padres cristianos; y no obstante se habían literalmente deshecho, pieza por pieza —algunos por abuso de drogas, otros por alcoholismo, y otros por diversos excesos.

Una y otra vez las horribles experiencias de mi pasado llevaban fruto al volverlas a contar. Cierto día, un joven llamado Felipe vino al centro de Toronto y me dijo que sus dos hermanos estaban a punto de destrozarse por la droga si no recibían alguna ayuda.

Se hallaban alojados temporalmente con unos amigos, alimentándose de ácido y "speed" en un improvisado dormitorio cerca de nuestro centro; y Felipe quería que les hiciera una visita con él enseguida. Yo accedí.

—Sólo déjeme que le advierta antes de que vayamos —añadió el joven—, que algunos de sus amigos se intoxican con LSD, y les he visto correr por la casa con machetes, y hacer todo tipo de locuras.

Una gran luz roja se encendió dentro de mí.

—Oye, espera un momento —le dije—, hablemos de todo el asunto.

—No se preocupe por eso —me aseguró—; si yo entro puedo manejarlos. Tengo bastante influencia sobre ellos, y me escucharán. Puedo hacer que usted entre allí para hablar con esos tipos; le prometo que no le harán nada.

Con muchas reservas acerca de ello, accedí a acompañarle.

—No puede ir así —dijo Felipe, como si se sorprendiera de que tan sólo lo considerara.

—¿Qué quieres decir? —pregunté.

—Si entra usted así pensarán que es un policía —respondió de un modo directo. Yo tenía puesta una chaqueta *sport* y pantalones—. Tendrá que cambiarse.

Me puse unos pantalones vaqueros, metí alguna literatura evangélica en mi maletín, y partimos.

De camino al dormitorio, Felipe descargó su historia. Era un cristiano descarriado, y había venido a buscar ayuda a *Teen Challenge* porque sabía que en el Señor estaba la única esperanza de sus hermanos menores. Cuando le conté brevemente mi propia historia, reaccionó con entusiasmo.

—Eso es lo que aquellos tipos necesitan oír —dijo enfáticamente—. Tiene que contarles eso.

Detuvimos el automóvil frente a una casa vieja y mugrienta; me di cuenta de que un par de puertas más abajo había una vivienda con varias motocicletas aparcadas en el césped delantero.

—También le llevaría ahí adentro —expresó Felipe—. Hay un tipo que se está muriendo por abuso de drogas. Pero le matarían en cuanto entrara por la puerta principal, así que no puedo hacerlo.

Lancé un silencioso suspiro de alivio. Un dormitorio de aquellos en un día era más que suficiente para mí.

—Espera un minuto —dije mientras detenía a Felipe en la puerta—. Vamos a orar antes de entrar.

—¿Orar?

—Sí, orar.

—¿Tiene miedo?

—Sí.

—Ah.

—Vamos a orar, y pedir a Dios que nos ayude a decir las cosas debidas cuando entremos— luego incliné la cabeza y oré rápidamente; tanto para que Felipe renovara su entrega al Señor, como por sus drogados hermanos adentro.

Cuando Felipe abrió la puerta, el sofocante calor del verano y el hedor de la marihuana mezclado con el de la orina nos hizo dar un paso atrás. Luego nos abrimos camino a través de la casa, pasando por encima de cuerpos entrelazados y rodeando a inestables drogadictos, hasta que llegamos a la larga y estrecha cocina. Lancé instintivamente una mirada alrededor de la habitación buscando posibles vías de escape. Ya había atravesado demasiada casa para poder volver a salir por ese camino. La puerta trasera estaba en el extremo opuesto de la cocina, más allá de los tipos sentados en sillas a lo largo de la pared, y del sujeto grande con la barba roja que se hallaba solemnemente en pie frente a la puerta; y más allá también de los otros cuatro sentados alrededor de la mesa de cocina que confeccionaban rústicos cigarrillos de marihuana. Solamente había una ventana, y ésta se encontraba a bastante altura, casi en el techo, y resultaba demasiado pequeña para que en las mejores circunstancias que no eran esas, un adulto pasara por ella. Estaba atrapado. Saldría de aquel lugar con la aprobación de mis anfitriones, o no saldría.

Felipe y yo nos pusimos al lado del sucio frigorífico, y él se dirigió a aquel grupo heterogéneo.

—Muy bien, ahora escuchen, muchachos. Este se llama Maury Blair, y es amigo mío. Quiero que cierren la boca y escuchen lo que tiene que decir, porque pienso que necesitan oírlo.

Entonces Felipe se dio la vuelta y salió de la habitación —y nunca más volví a verle o a tener noticias suyas; nunca.

Me quedé demasiado sorprendido con su repentina salida como para detenerle; y, en vez de ello, al darme cuenta de que toda la cocina llena de gente me estaba mirando, hablé en voz alta tratando de parecer despreocupado.

—Hola, chicos —empecé—. Me llamo Maury Blair, y soy un miembro del personal de *Teen Challenge,* en la Avenida Broadview.

Esa era la peor cosa que pude haber dicho; y el tipo grande de la barba roja que estaba a la entrada habló.

—¿*Teen Challenge?* —profirió arrastrando las palabras— ustedes me echaron de allí hace un par de meses.

Mi corazón empezó a latir todavía más aprisa.

—No sé nada acerca de eso —le aseguré—; pero estoy aquí para decirles que hay "un viaje" mejor para ustedes que en el que están metidos.

Si estos tipos se rebelan —pensé para mí—, *soy hombre muerto.* De repente, el salir en un resplandor de gloria como el apóstol Pablo no me atraía tanto como antes.

—No sé por qué te echaron de *Teen Challenge* —seguí diciendo— pero sí sé que Dios les ama y quiere cambiar sus vidas. Lo hizo conmigo, y quiere hacerlo contigo.

—¿Qué puede Dios hacer por mí, hombre? —expresó el de la barba roja burlonamente— Tengo una enfermedad en el hígado por introducirme agujas sucias en los brazos. Me quedan nueve meses de vida. ¿Qué va a hacer Dios por mí?

—Tal vez él podría sencillamente tocar tu vida y sanarte —sugerí atrevidamente.

—¿Y qué me dice de mi pequeño hermano? —dijo señalando hacia su derecha—. Tiene el mismo problema. ¿Qué hay de él?

De repente me di cuenta de que aquellos eran los dos hermanos a los cuales Felipe me había llevado a ver; y en ese momento todo el cuadro encajó.

—Dios podría hacer lo mismo por él —contesté.

Luego empecé a compartir mi historia con el grupo, contándoles cómo Dios me había rescatado de lo aparentemente imposible. Cuando terminé, dije: —Miren chicos, la verdad es que yo no tenía por qué venir aquí esta noche. Estoy a la merced de ustedes. He venido porque sabía que Dios quería que viniera. Felipe me contó lo que estaba pasando aquí, pero yo no soy la policía. Estoy aquí, corriendo todo tipo de riesgos para decirles que Dios puede cambiar la vida de cada uno de ustedes.

—Eh, ¿saben una cosa? —expresó uno del grupo— Tiene razón, no tenía por qué venir.

Una vez roto el hielo, diferentes personas comenzaron a hablar, haciendo preguntas acerca de mi pasado, de mis creencias, y permitiéndome compartir a Jesús con ellos.

En unos momentos me sentí como el mejor amigo que aquellos chicos hubieran tenido jamás. Tomaron ansiosamente cada muestra de literatura que había llevado conmigo, me dieron palmadas en la espalda, estrecharon mi mano, sonrieron. . . Un pastor que se preocupaba por ellos era una novedad.

Dos horas después de haber llegado abandoné el lugar, nadando en mi propio sudor y agotado a causa de la tensión que me había producido la experiencia. Sólo Dios podía haberme dado, como contestación a mi asustada oración, las palabras que abrieron las puertas y me permitieron ministrar con soltura. Las trágicas experiencias revividas en aquel grotesco ambiente habían traído fruto una vez más.

Tres semanas más tarde volví al centro, después de cumplir con un compromiso de predicación, y me encontré allí una nota. Dos chicos jóvenes habían visitado el lugar y preguntado por mí. El recado que dejaron fue: "Dígale a Maury Blair que hemos pasado por aquí para darle las gracias por tener el valor de venir a vernos y contarnos lo que Dios hizo por él. Somos hermanos, y volvemos a nuestra casa, en Hamilton, con nuestros padres —nos quedaremos allí, de donde somos. Sólo dígale que gracias".

A medida que mi ministerio se iba revelando, lo mismo pasaba con mi historia.

CAPITULO ONCE
Padres

*Antes que te formase en el vientre te
conocí, y antes que nacieses te
santifiqué. . .*

—Jeremías 1:5

Antes de que mi madre muriera de cáncer, ya sólo
una sombra con poco pelo y frágil de aquella belleza que
había sido en otro tiempo, cierta tarde se abrió inexplicablemente a Bev mientras tomaban el té; y, al hablar, aclaró muchos de los misterios que habían mantenido vendado mi pasado durante años. Le contó acerca
de mi padre, de lo que sentía por él, de cómo abandonó
la fábrica cuando supo que estaba embarazada. . . Algunos de los detalles, difíciles de entender, no son con-
firmables; y su veracidad nunca se podrá conocer.

Al final de su vida, mamá era una mujer derrotada
que no cesaba de excusarse. Años antes había vuelto a
entregar su vida al Señor, e ido a vivir a una casita en
el terreno para campamentos de Braeside, y había animado a sus hijos en los diversos ministerios que tenían;
pero nunca pudo desasirse completamente de su sentimiento de culpabilidad. "Maury —se quejaba muy a
menudo cuando hablaba con ella privadamente—, he
menoscabado mi vida". Yo le repetía una y otra vez el

mensaje del perdón, y le recordaba que "la sangre de Jesús nos limpia de todo pecado". Pero sin resultado. Nunca pudo dejar de huir completamente; y huyó de su pasado hasta que murió.

Fue solamente después del funeral, mientras estaba al lado de la tumba y veía cómo bajaban el ataúd y lo introducían en la tierra, cuando sentí una libertad particular —la de buscar a mi padre. Bev me había animado a hacerlo, y mi interés en tal misión había aumentado con el paso de los años. Pero sabía las profundas heridas que podía causar entre los miembros de mi familia, y especialmente a mamá; por lo que mis movimientos habían sido muy lentos y cuidadosos.

Nunca había sentido enojo contra aquel hombre misterioso cuyos cromosomas llevaba en mi cuerpo. Sabía muy poco de él, y me había sido presentado a través de un laberinto de mentiras y mediaverdades demasiado complicado durante un tiempo en extremo prolongado. En ninguna intersección de mi vida recibí un informe completo o una descripción íntegra del Maury Blair original. ¿Era un héroe de la guerra? Años después quedó claro que no —aunque quizás tuviera antecedentes militares que estimularon la inverosímil mentira de mi madre. ¿Había muerto en la Guerra Mundial? También esto determinamos con el tiempo que era completamente falso. ¿Quién visitó el hospital de London durante mi estancia allí en la época en que yo era un bebé y firmó en el registro como Maury Blair? ¿El Maury Blair original había salido a la superficie por alguna razón desconocida, o se trataba de otra persona que utilizó un nombre suministrado por mi madre? Mamá nunca proporcionó la respuesta; y probablemente ésta jamás se conocerá.

Bev y yo comenzamos a seguirle la pista al misterioso padre aún antes de que mamá muriera, y las hábiles preguntas de Bev a mi madre dieron como resultado el detalle de que Maury Blair había gravitado entre Flint y Fort Wayne, Indiana. Mi esposa llamó a la operadora en Fort Wayne y le preguntó si había algún Maury Blair en la guía telefónica.

—No —contestó la operadora—, pero tenemos a un Maurice Blair.

Bev pidió una llamada de persona a persona con aquel número de Fort Wayne, y sugirió a la telefonista que preguntara por Maury Blair en vez de Maurice. Escuché por la extensión cómo un hombre contestaba.

—Aquí Maury Blair, dígame.

Fue una extraña sensación la de escuchar mi propia voz al otro lado del hilo, pero el parecido era innegable.

Mi esposa le preguntó si se trataba del mismo Maury Blair que había vivido en Flint, Michigan, en 1937, y trabajado en Irving Machine Parts.

—Sí, soy el mismo Maury Blair.

Bev entonces le explicó que su esposo era un pastor con el mismo nombre que él, quien había estado tratando de localizar a su verdadero padre; y que la búsqueda había guiado directamente a él.

—¿Es usted el hombre? —preguntó luego ansiosamente segura de que sí lo era.

Hubo un momento de silencio, y a continuación una tensa respuesta.

—Creo que no.

Bev se mordió los labios, dándose cuenta demasiado tarde que había dicho demasiadas cosas y demasiado pronto; ahora tenía pocas opciones.

—Está bien, gracias —dijo acortando la conversación. Y colgó. A continuación tuvimos una apresurada y nerviosa conferencia. Habíamos iniciado la tarea, por primera vez, de encontrar a mi padre, y no estábamos seguros de lo que debíamos hacer después. ¿Dejarlo todo a un lado y olvidarlo? ¿Perseguirle? ¿Tratar de conocerle? ¿Y qué le habíamos hecho al hombre mismo? ¿Se habría quedado llorando junto al teléfono en Fort Wayne? ¿Temeroso? ¿Esperaría que le hiciéramos chantaje? ¿Qué sabía su familia de aquella Alicia Wick de hacía tanto tiempo?

Decidimos que yo debía volverle a llamar.

Al presentarme a mí mismo por teléfono, él me hizo esperar un momento. Oí cómo dejaba el auricular, y luego una puerta cerrarse; a continuación volvió a coger el aparato.

Le expliqué mi historia, evitando cuidadosamente cualquier sugerencia de acusación que le pusiera a la defensiva. Me figuraba que aquella podría ser mi última oportunidad; ya que después de la conversación sería posible que cambiara su número de teléfono, se trasladara a una ciudad diferente, alterara su identidad, o me perdiera para siempre por uno de los muchos otros métodos que había.

Pero él estaba demasiado intrigado —como yo mismo lo hubiera estado en su lugar— para dejar que la oportunidad pasara, y me hizo una pregunta tras otra acerca de mi trabajo, mi familia, mi situación en la vida. Nunca admitió haberme engendrado, ni hizo ninguna referencia que se pudiera interpretar así, pero su interés en mí era paternal, y de un modo intenso.

Al finalizar la conversación, acordamos que volvería a llamarle alguna vez en el futuro para hablar más: y cuando colgué, me di cuenta de que yo estaba sin aliento.

Aquel encuentro de larga distancia me satisfizo durante mucho tiempo. La vida siguió adelante, nuestro trabajo continuó, y el ministerio demandó nuestra atención mes tras mes con pocas interrupciones. Pero la semilla de lo desconocido había arraigado, y al otoño siguiente Bev y yo volvíamos a casa en automóvil después de asistir a una conferencia en Misuri, cuando decidimos detenernos en Fort Wayne.

En una cabina pública, un listín telefónico nos dio la dirección de Maurice Blair; y luego pasamos nerviosamente en el automóvil por allí, tomando fotos de la casa y captando así el momento para la posteridad. A continuación aparcamos en la esquina más próxima, y oramos que él saliera por la puerta delantera para que únicamente pudiera verle —sin tener que pasar por el trauma de llamar a su puerta.

Pero un impulso se apoderó de mí mientras esperaba, y saltando fuera del automóvil fui andando hasta la puerta y toqué el timbre. Si otra persona venía a abrir, le pediría que me indicara cómo llegar a alguna dirección imaginaria.

Leí el nombre en la puerta: Maurice D. Blair.

Cuando él abrió la puerta de par en par, tuve de nuevo la extraña sensación de encontrarme conmigo mismo —sólo que allí, en ese momento, me enfrentaba a todos los matices visuales: tenía unos treinta, o quizás treinta y cinco años más que yo, y era más alto y más ancho; sin embargo en todo lo demás prácticamente idéntico a mí. El efecto fue tan asombroso que ambos nos quedamos aturdidos; incapaces de hablar o de movernos durante un interminable momento. Allí estaba el hijo del dolor mirando fijamente a los ojos de su padre, y el progenitor accidental a la cara de su desconocido hijo. Yo era más parte de él que él mismo de la mujer con quien había tenido relaciones, y aun así nunca nos habíamos conocido, jamás nos habíamos tocado. El me había dejado atrás, inadvertidamente, en el vientre de mi madre; y ahora, en ese momento excepcional de verdad, la caña echada al aire había vuelto para perseguir al que la echó.

Mientras estaba paralizado, oí voces en el trasfondo de la casa. Yo era lo bastante considerado como para no presentarme por nombre, pero eso él aún no lo sabía; y observando sus ojos pude leer su mente: él comprendía que en cosa de segundos podía arruinarle con una palabra, una frase. . . Detrás de aquellos ojos tan parecidos a los míos, ocultaba el terror a ser descubierto.

Estaba ansioso por decirle quién era, de resolver la pregunta que subsistiría para siempre si no lo hacía: ¿Eramos realmente padre e hijo? Sabía por lógica que no podía haber ninguna otra explicación a la multitud de coincidencias que hacían converger nuestras vidas en aquel momento; pero aun así, el sentarme y hablar con él, el explorar y llenar las innumerables lagunas que había, hubiera completado de alguna manera mi yo terrenal.

En lugar de ello, al ver el miedo en su cara, masculló una petición de que me indicara cómo llegar a cierta dirección imaginaria. La pregunta fue probablemente incoherente, pero poco importaba. El barbotó que no podía ayudarme —lo cual era probablemente verdad de diferentes maneras.

Le dije que preguntaría de nuevo un poco más lejos, y me di la vuelta para dirigirme hacia el automóvil. No me volví, pero Bev contempló todo desde donde estábamos aparcados: el hombre salió a la acera y nos observó hasta que desaparecimos de su vista.

El resto del viaje hasta el Canadá lo llevamos a cabo en silencio. Yo estaba aturdido. No había manera de tomar aquella clase de acontecimiento y expresarlo inmediatamente en frases y párrafos. Después de treinta y cinco años sobre esta tierra, había visto cara a cara al hombre que me dio vida; y por el momento aquel encuentro me había extraído la vida.

No tenía valor para perseguirle; y durante los meses siguientes, cada vez que llegué al punto de coger el teléfono, lo único que podía ver era su cara aterrorizada, parecida quizás a una versión adulta de mi propio rostro en el tiempo cuando me enfrentaba a Cyrus.

Así que pasó todo un año antes de que por último hiciera la llamada. Tuvimos una charla cordial; una conversación corta en la cual le sugerí que tomáramos café juntos alguna vez que yo estuviera en Fort Wayne. El accedió gustoso, y colgamos. No le mencioné el incidente a la puerta de su casa —pensé que podríamos hablar acerca de ello en persona.

Nunca más volvimos a hablar: al año siguiente murió de un ataque al corazón.

Más tarde localicé al hermano menor de Maurice D. Blair, y por medio de él descubrí que tenía medio hermanos y medio hermanas los cuales vivían en Fort Wayne. Pero para mí la búsqueda había terminado en su mayor parte. A mi padre le había buscado únicamente para los archivos; sólo por satisfacer el antojo y la curiosidad humanos. El estar completo para mí nunca dependió de que pudiera descubrir la fuente de mi composición genética; sino que ocurrió en aquella miserable casita de París, Ontario, años atrás, mientras hojeaba un libro prestado en mi solitario dormitorio del piso de arriba. Quedé completo en el momento en que conocí a mi Padre, quien me había estado cuidando y amando todo el tiempo.

Dios nunca estuvo confuso acerca de mi ascendencia. "Antes que te formase en el vientre" —declaraba por medio de Jeremías 1:5— "te conocí, y antes que nacieses te santifiqué". Mi linaje terreno jamás le limitó. Yo era Suyo: y de todas formas él me proporcionaría un nuevo linaje. En aquellos momentos maravillosos en que se reveló a mí, yo me convertí en la persona que estaba destinado a ser —a pesar de mi escandalosa herencia. Habiendo sido el hijo del dolor, me volví instantáneamente un hijo del Rey.

Las angustias de aquella niñez que tuve permanecieron vivas en mi memoria, aunque mi Padre curó el dolor. La tortura de los inocentes, al igual que el padecimiento de los santos, nunca se puede explicar plenamente en esta vida. Aun el piadoso Job quizás sólo haya sufrido su tragedia personal para el beneficio de aquellos de nosotros que pudiéramos leer su narración y aprender de ella siglos más tarde.

Yo fui afortunado, al darme Dios un trabajo en el que más tarde podría cambiar mi propio pasado turbulento por la ayuda a otros. En mi ministerio, he tenido el privilegio de trabajar con cientos y cientos de personas que necesitaban el consejo de alguien que hubiera estado en su situación —alguien que se hubiera enfrentado a su propio Cyrus Wick. Dios me ha dado la oportunidad de hablar en campamentos de jóvenes, en convenciones de hombres de negocios cristianos, en festivales de rock, incluso en otros continentes; y más recientemente he podido establecer un ministerio de evangelismo a nivel nacional llamado *Break-Through,* que incluye consejo para jóvenes con problemas, una línea telefónica de ayuda durante veinticuatro horas al día, testimonio en las calles, clubes de niños, evangelización radiofónica, y el conjunto musical *Break-Through.* El Padre Celestial ha redimido los años perdidos multiplicados muchas veces, de estas y otras maneras satisfactorias, y me ha dado la ocasión de declarar el fenómeno de su amoroso poder: si él pudo rescatarme de aquel estado desesperado, puede salvar a cualquiera de cualquier cosa.

Un mensaje personal de Maury

Dios no estaba fuera del control, ni retorciéndose las manos desesperado, mientras yo crecía bajo la sombra airada del viejo. Tampoco se encontraba frustrado, ni luchando por poner en orden los acontecimientos. El es el soberano, y al igual que yo estaba en sus manos con el propósito de mi transformación personal, también tú lo estás en este momento; y como el Padre esperaba que yo entrara en su amor, así te espera a ti.

Muchos dejan de entrar en ese amor porque se sienten insuficientes; sin embargo yo encontré que el Padre no exigía ningún tipo de suficiencia: personalmente no tenía ninguna. Los hijos que Dios adopta son a menudo inadaptados—como yo lo era. Pero nosotros, esos hijos inadaptados, somos los que más necesitamos amor, y necesitamos también expresarlo. Tal vez sea por eso por lo que Dios nos ama tanto a ti y a mí.

Dale al Padre tu amor. Entra; y al hacerlo descubrirás, como yo, que él en verdad te ha llamado y santificado para que ocupes un lugar especial en su Reino.

No eres un hijo perdido y desamparado que vaga sin esperanza por un caótico universo. Tu lugar a la mesa del banquete del Padre fue dispuesto antes de que nacieras; y tu sitio especial en su corazón fue establecido antes incluso de que tú pudieras responderle con amor. No fue un lugar que ganaste por tu bondad; sino un lugar que Dios preparó para ti porque te ama—como eres.

Cuando entras en ese amor, en el momento en que ocupas tu sitio a la mesa, se revela tu destino; y tu personalidad queda al fin completa.

Al aceptar a Jesucristo como Salvador, entras finalmente en contacto con el amor de tu Padre Celestial; y el futuro en realidad empieza cuando le dejas que eche de ti tus pecados y defectos.

El conoce tu nombre, y lo está susurrando mientras espera que contestes.

Maury Blan

Printed in U.S.A.